Der Autor

Karl Gengenbach

Der Katzenhasser

Herstellung und Verlag: BoD - Books on Demand
Norderstedt   ISBN 978-3-7347-3753-4

Prolog

Mein Name ist Edward, meine Freunde nennen mich einfach Eddy. Eigentlich mag ich alle Tiere, auch Katzen. Ja, man könnte mich einen Katzenfreund nennen. Wenn Sie diese 50 Geschichten über Katzen und ihre Besitzerinnen gelesen haben, verstehen Sie, warum ich zum Katzenhasser geworden bin.

Babsie und Killer

Eigentlich fing alles ganz harmlos an. In meiner Straße wohnte Babette, eine junge Frau. Auf die hatte ich ein Auge geworfen.

Ich beobachtete sie, um ihre Gewohnheiten herauszufinden.

Eines Tages wurde ganz in der Nähe eine neue Telefonzelle aufgestellt. Ich beobachtete Babette, wie sie gleich am ersten Tag hineinging. Sie nahm den Hörer ab, sprach etwas in die Muschel und wartete einige Sekunden, dann lachte sie und legte wieder auf. Am nächsten Tag sah ich sie wieder zur Telefonzelle gehen und folgte ihr. Wieder dasselbe Spiel. Diesmal hatte ich mich an die Wand gelehnt und konnte mithören.

Sie nahm den Hörer ab und fragte: wer ist die Schönste? Aus dem Hörer kam die Antwort: *du-du-du-du-du*. Sie lächelte und verließ die Telefonzelle. Nun wollte ich es auch probieren. Ich ging rein, nahm den Hörer ab und fragte: wer hat den Größten? Die Antwort war: *du-du-du-du-du*. Tatsächlich, es funktionierte.

Einem Bekannten, der zufällig vorbeikam, erzählte ich, dass man in der neuen Telefonzelle etwas fragen kann und prompt die Antwort erhält. Natürlich glaubte er mir nicht. Ich schleppte ihn zur Zelle und sagte: *du gehst jetzt rein, nimmst den Hörer ab und fragst: wer ist der Blödeste?* Er ging tatsächlich rein, nahm den Hörer ab und stellte seine Frage: *wer ist der Blödeste?* Aus dem Hörer kam klar

4

und deutlich: *du-du-du-du-du.* Er knallte den Hörer auf die Gabel und rannte aus der Zelle. Dabei würdigte er mich keines Blickes. Nun zählt er mich nicht mehr zu seinen Bekannten.

Auf dem Heimweg kam mir Babette entgegen. Ich erzählte ihr die Geschichte und sie war so begeistert, dass sie mich gleich zu sich einlud. Nachdem wir uns näher kennengelernt hatten, nannte ich sie nur noch Babsie. Sie schwärmte dauernd von ihrem „Perser". Ich dachte, das muss ein ganz toller Teppich sein.

Ein paar Tage später zog ich bei ihr ein und lernte auch gleich den Perser kennen. Es war ein Kater und er hieß Killer.

Beim Mittagessen saß Killer in seinem Katzenkorb und starrte mich böse an. Ich fragte Babsie: *warum starrt mich Killer so böse an?* Babsie: *keine Angst, er starrt jeden an, der aus seiner Schüssel frisst.* Ich schaute sie an. Hatte sie einen Witz gemacht? Vorsichtshalber hielt ich mich von Killer fern.

Bald fand ich heraus, dass Killer eine Macke hatte. Er hatte einen Heidenspaß daran, durch den Flur zu rasen und mit Anlauf durch die geöffnete Badtür in die Wanne zu springen. Dort lief er auf der glatten Oberfläche mit seinen Krallen Schlittschuh.

Am nächsten Tag dachte ich nicht mehr daran und nahm ein Bad. Plötzlich klingelte das Telefon. Ich stieg aus der Wanne und ging, in ein Handtuch eingewickelt, ins Wohnzimmer. Während ich telefonierte sah ich das drohende Unheil mit Anlauf kommen. Killer wetzte die Krallen auf dem Teppich

5

im Flur, duckte sich und wackelte mit dem Hinterteil, so wie es Katzen tun, wenn sie einen Angriff starten. Ich sah nur noch ein wuscheliges Fellbündel durch den Flur rasen, dann machte es Platsch. Mit doppelter Geschwindigkeit kam ein klitschnasses Fellbündel zurückgerast und sah mich vorwurfsvoll an. Ich war, wie immer, schuldig. Ich hätte ja auch vorher das Wasser ablassen können. Aber Killer ist vorsichtiger geworden. Jetzt schaut er erst über den Wannenrand, ob die Landebahn sauber ist. Dann rast er zurück und nimmt Anlauf.

Ich verbrachte mit Babsie einige schöne Tage, aber schließlich trennten wir uns wieder und ich kehrte in meine Wohnung zurück. Lange blieb ich nicht allein. Ich lernte Beatrix kennen.

Trixie und Wuschel

Trixie wohnte außerhalb der Stadt, eigentlich auf dem Land. Dort gab es ein Problem mit Fliegen, Bienen und Wespen. Trixie hatte einen Kater, eine schneeweiße Angora-Katze mit dem Namen Wuschel.

Wenn sich ein dicker Brummer in die Wohnung verirrte hatte Fliegenfänger Wuschel seinen Auftritt. Er jagte die Fliege, bis er sie erwischte oder sie den Raum verlassen konnte. Dabei gingen auch mal Blumentöpfe zu Bruch.

Einmal verirrte sich ein besonders großer Brummer in die Wohnung. Eine Hornisse. Wuschel hatte wieder seinen großen Auftritt. Wie ein Irrwisch raste er durchs Zimmer, hatte aber keine Chance. Am nächsten Tag leckte er sich dauernd die Pfote. Ich glaube, die Hornisse hatte ihm eine verpasst. Seitdem ist Wuschel vorsichtiger geworden.

Wieder hatte sich eine große Schmeißfliege ins Zimmer verirrt. Wuschel lag auf der Fensterbank und döste. Dann bemerkte er den Brummer und war nicht mehr zu bremsen. Die Fliege war aber viel zu schnell. Immer wieder schlich sich Wuschel an den Brummer heran und schlug zu. Aber er erwischte ihn nicht. Nun beschloss ich, die Sache zu beenden. Aber leichter gesagt als getan. Ich bewaffnete mich mit der Zeitung und holte zum finalen Schlag aus. Daneben. Wuschel beobachtete mich. Ich glaube, er lachte mich aus. Ich machte einen Hechtsprung und stürzte mich todesverachtend auf die Fliege. Leider stand der Beistelltisch im Weg und ich blieb an den Beinen hängen. Ich knallte auf den Tisch, der meinen Sturz zwar milderte, aber hinterher war der Tisch platt. Die Fliege kreiste immer noch im Raum und setzte sich dann auf die Scheibe. Nun zeigte mir Wuschel, wie man es richtig macht und erlegte das Monster mit einem blitzschnellen Schlag. Die Bilanz unserer Jagd waren zwei zerbrochene Blumentöpfe und ein kaputter Beistelltisch. Trixie, die in diesem Moment ins Zimmer kam, schaute fassungslos auf das Chaos. Meine Erklärungen machten die Sache auch nicht besser.

Als ich am nächsten Tag von der Arbeit kam empfing sie mich weinend an der Tür: *es ist etwas schreckliches passiert. Was denn?* fragte ich. *Wuschel hat das Schnitzel gefressen, das ich für dich gemacht hatte. Weine nicht,* meinte ich tröstend, *ich bringe ihn gleich zum Tierarzt, der wird ihn schon retten.*

Nach einigen Tagen war unsere Beziehung abgekühlt. Auch mit Wuschel konnte ich mich nicht anfreunden. Schweren Herzens trennte ich mich von Beiden.

Sophie und Herr Schmidt

Meine nächste Freundin war Sophie. Auch sie hatte einen Kater. Zu dem war sie besonders höflich und nannte ihn Herr Schmidt.

Herr Schmidt war eine Deutsche Hauskatze, die eher unscheinbar aussah. Wie alle Katzen hasste Herr

Schmidt den Staubsauger. Ich brauchte ihn nur aus dem Schrank zu holen und Herr Schmidt flitze wie ein Blitz in Deckung.

Am Samstag war mal wieder Großputz angesagt und der Staubsauger stand eine Zeit lang unbenutzt in der Diele. Herr Schmidt war schon den ganzen Morgen zickig. Ich war gerade am telefonieren, da sah ich Herr Schmidt aus dem Wohnzimmer kommen. So hatte ich ihn noch nie gesehen. Der Schwanz war steil aufgerichtet, die Beine steif wie ein Ast und durch den Buckel den er machte wirkte Herr Schmidt doppelt so groß. Er ging langsam auf den Staubsauger zu, stellte sich vor ihn hin und verpasste ihm eine mit der Pfote, dass es nur so krachte. Dann verschwand er wie ein geölter Blitz, aber nur bis zur Tür. Dort stand er und schaute vorsichtig um die Ecke. Der böse Feind stand immer noch da. Nun schlich sich Herr Schmidt im Kriechgang heran, verpasste dem Monster wieder eine und sauste zurück. Nach dem dritten Angriff fiel der Staubsauger mit einem Mordslärm um. Herr Schmidt war weg und wurde nicht mehr gesehen. Aber nur für einige Minuten. Dann kam er wieder und beäugte und beschnupperte den gefallenen Riesen. Seit diesem Tag war ihm der Sauger völlig egal. Jetzt konnte man neben ihm saugen, er nahm keine Notiz davon. Er hatte das Monster besiegt.

Meine Beziehung zu Sophie kühlte so langsam ab. Nach einem Streit sagte sie: *für jeden Menschen gibt es ein passendes Sprichwort. Na,* fragte ich, *und welches würde wohl zu mir passen? Wem Gott ein*

9

Amt gibt, dem gibt er auch Verstand, sagte Trixie. *Aber ich habe doch kein Amt, meinte ich. Eben,* bemerkte sie.

Nach dieser Erkenntnis trennten wir uns. Ich blieb aber nicht lange allein.

Leonie und Ballerina

Im Supermarkt lernte ich Leonie kennen. Ich fragte sie: *darf ich dich nach Hause bringen?* Sie antwortete: *ich bin ein anständiges Mädchen, ich gehe allein nach Hause. Und wenn du es nicht glaubst, komm doch mit und überzeuge dich selbst davon.* Ich ließ mich nicht zweimal bitten.

Leonie wohnte in einer kleinen Wohnung zusammen mit Ballerina einer weißen Balinesin. Sie haben es sicher schon erraten. Ballerina war eine Katze.

Einmal, Leonie war gerade einkaufen, jammerte Ballerina erbärmlich. Zuerst ignorierte ich sie. Dann begann sie zu schreien, als ob sie seit Wochen nichts mehr zu fressen bekommen hätte. Ich resignierte, holte Trockenfutter aus dem Schrank und füllte ihre Schale. Sobald das Futter in der Schale war beachtete sie es überhaupt nicht mehr. Irgendwann entschloss sie sich dann doch, etwas zu fressen. Zuerst verteilte sie aber die ersten 3 bis 4 Happen auf dem Teppich. Ich konnte die Sauerei dann aufkehren. Dabei beobachtete mich das raffinierte Biest.

Dann fiel mir auf, ich hatte vergessen ihren Wassernapf zu füllen. Das holte ich sofort nach. Ballerina ging zum Napf, schnupperte daran und lief mit ihren Pfoten einfach mittendurch und verteilte das Wasser gleichmäßig auf dem Boden. Ich glaube, Ballerina kann mich nicht leiden.

Nun versuchte ich es mit Bestechung. Ich kaufte eine teure Büchse mit Gourmet-Katzenfutter. Als ich die Büchse öffnete kam sie neugierig heran. Ich füllte die Delikatesse in ihre Schüssel und wartete ab, was nun passiert.

Ballerina schnüffelte daran, nahm einen Bissen und schaute mich gelangweilt an. Dann warf sie den Rest auf den Fußboden und stolzierte aus dem Raum. Zum ersten Mal dachte ich daran, das Mistvieh umzubringen.

Nach einigen Tagen war mein Verhältnis zu Leonie schon abgekühlt und ich suchte nach einem Grund, die Beziehung zu beenden.

In der Nacht war Vollmond und ich konnte nicht schlafen. Leonie dachte ich schlafe und flüsterte mir ins Ohr: *verrecke du Arschloch, verrecke doch endlich.*

Am nächsten Morgen zog ich aus. Ich denke, ich muss mir mal wieder eine neue Freundin suchen.

Laura und Aisha

Inzwischen war es mal wieder an der Zeit, zum Friseur zu gehen. Ich ging in den neuen Salon, wo man sich auch die Finger maniküren lassen konnte.

Ich saß also im Friseursessel und ließ mich gleichzeitig rasieren und maniküren. *Sie gefallen mir,* sagte ich zu der hübschen Maniküre. *Wie wäre es heute Abend mit uns beiden? Tut mir leid, ich bin verheiratet,* meinte sie. *Na und?*, sagte ich, *das stört doch nicht. Rufen sie den alten Deppen an und sagen ihm, dass es heute Abend etwas länger dauert. Das können sie ihm am Besten gleich selbst sagen,* sagte sie, *er rasiert sie gerade.* Ich war heilfroh, als ich unverletzt aus dem Salon kam. Da würde ich bestimmt nicht mehr hingehen.

Unterwegs traf ich eine hübsche Brünette und sprach sie an: *entschuldigen Sie bitte, ich bin hier fremd. Können Sie mir vielleicht sagen, wo sie wohnen?* Sie nahm mich gleich mit nach Hause. Dabei hatte dieser Spruch noch nie funktioniert.

Die Brünette hieß Laura und hatte, welche Überraschung, auch eine Katze. Es war eine schwarze Bombay-Katze mit dem Namen Aisha. Diesmal war ich vorsichtiger und wollte mich erst mit Aisha anfreunden.

Nach dem Abendessen ging Laura in die Küche um das Geschirr abzuspülen. Ich stand auf, ging zu Aisha's Lieblingsplatz und wollte sie streicheln. Das haben Katzen doch gerne. Kaum kam ich näher verdrückte sie sich unter die Couch und maunzte. Ich ging zurück an den Tisch und setzte mich wieder. Da kam Aisha unter der Couch hervor und ging wieder zu ihrem Lieblingsplatz.

So schnell gab ich aber nicht auf. An der Wand entdeckte ich eine Teufelsmaske. Die hatte ich bisher noch nicht bemerkt. Damit wollte ich Aisha erschrecken. Ich nahm die Maske von der Wand und setzte sie auf. Aisha sah mich mit einem Auge an und gähnte. Das war die ganze Reaktion. Als ich die Maske wieder absetzte erschrak sie fürchterlich und rannte kreischend aus dem Zimmer. Das machte mich nachdenklich.

Am nächsten Tag tat es mir leid und ich wollte Aisha eine Freude machen. Ich kaufte ihr ein besonderes Leckerli und legte es in ihre Schale. Leider erstickte sie daran.

Als Laura am Abend von der Arbeit kam wollte sie nach der Katze sehen. Ich sagte: *die schläft schon den ganzen Tag.* Dann musste ich dringend weg und versprach Laura, sie anzurufen. Leider hatte ich aber ihre Nummer vergessen und so war unsere Affäre nur von kurzer Dauer.

Lea und Aphrodite

Am nächsten Tag lernte ich Lea kennen und ging noch am selben Abend mit ihr ins Kino. Nach der Vorstellung, es war schon spät, fragte sie: *kommst du noch auf eine Tasse Kaffee mit zu mir? Ach,* meinte ich, *auf Kaffee habe ich jetzt keinen Bock. Da kann ich die ganze Nacht nicht einschlafen.* Wortlos verabschiedete sie sich. Als ich nach Hause ging, dachte ich: was bin ich bloß für ein Idiot. Die wollte gar keinen Kaffee machen, die wollte Sex. So was passiert mir nicht nochmal.

Gleich am nächsten Morgen rief ich sie an und entschuldigte mich. So etwas kommt immer gut an. Sie gab mir eine 2. Chance und lud mich bei ihr zum Abendessen ein.

Am Abend fand ich tatsächlich noch ein sauberes Hemd. Bei den Hosen hatte ich nur die Wahl zwischen einer alten und einer ganz alten Hose. So gerüstet ging ich zu Lea.

Sie empfing mich freudig und stellte mir auch gleich Aphrodite vor, eine japanische Bobtailkatze. Ich dachte immer Bobtail wäre eine Suppe? Aphrodite ließ sich von mir streicheln. Das fing ja gut an. Endlich mal eine Katze, die mich mag.

Als wir ins Wohnzimmer kamen sah ich auf der Kommode eine Figur aus Ebenholz. *Was ist denn das?,* fragte ich. Lea: *das ist eine afrikanische Schnitzarbeit. Ein religiöses Phallussymbol. Ach so,* sagte ich, *ich trau mich gar nicht zu sagen, wofür ich es gehalten habe.*

Der Abend verlief wie erwartet und Lea bat mich bis zum Frühstück zu bleiben. In der Nacht musste ich dringend ins Bad. Überraschung, Aphrodite hatte die ganzen Fliesen vollgekotzt. Und ich war Barfuß.

Als Lea am Morgen die Bescherung sah, stotterte ich: *das war die Katze.* Natürlich glaubte sie mir nicht und meinte: *ja, ja, es ist immer die Katze.*

Ich verabschiedete mich und dachte, diese Beziehung war schneller beendet, als sie begann.

Als ich zu meinem Auto kam sah ich die Bescherung. Eine Katze (Aphrodite?) hatte mir auf das Autodach gepinkelt. Das Zeug lief durch die Lüftungsschlitze ins Auto. Jetzt muss ich beim Autofahren immer eine Gasmake aufsetzen. Wie lange das wohl noch anhält?

Julia und Adonis

Beim Media-Markt fiel mir eine junge Frau auf. Sie wollte einen neuen Fernseher kaufen, konnte sich aber nicht entscheiden. Hilfreich gab ich ihr fachmännische Ratschläge. Sie hielt mich wohl für einen Techniker und jagte mich nicht gleich zum Teufel.

Nachdem sie sich für ein Modell entschieden hatte, bot ich an ihr beim tragen zu helfen. Diese neuen flachen Fernseher sind zwar nicht schwer, aber mit der Verpackung ziemlich unhandlich. Dankend nahm sie an.

Als wir in ihre Wohnung kamen, sah ich auf der Kommode eine chinesische Winkekatze. Julia, so hieß die junge Frau, gefiel mir immer besser. offenbar hatte sie keine echte Katze. In diesem Moment kam Adonis um die Ecke. Ein britischer Langhaarkater. So einen großen Kater hatte ich noch nie gesehen. Der wog mindestens 40 Pfund. Na, ja, der war jedenfalls nicht so lebhaft. Mit dem würde ich mich schon anfreunden.

Nun musste ich nur noch mit Julia anbandeln. Den Anfang hatte ich schon mal gemacht, ich war ja in ihrer Wohnung. Ich schaute ihr in die Augen und sagte: *als ich dich zum ersten Mal sah, blieb mir das Herz stehen. Wirklich nur das Herz?* antwortete sie schelmisch. Am nächsten Tag zog ich bei ihr ein.

Mit Adonis hatte ich mich auch gleich angefreundet. Aber bald ging mir der Kater auf die Nerven. Mitten in der Nacht schlich er in die

Toilette, sprang auf den Spülkasten und drückte mit der Pfote die Spülung. Dann sprang er runter an das Wasserrohr und lauschte auf das Rauschen. Das tat er mehrmals in der Nacht. Ich konnte nicht mehr schlafen. Ich versuchte ihm das abzugewöhnen. Erfolglos. Irgendwann wurde ihm das aber zu langweilig und er hörte von selbst damit auf.

Bald darauf hatte er ein neues Spiel entdeckt. Er fand heraus, wie man das Klopapier komplett abrollt. Nachdem er das Papier mit den Krallen in lauter kleine Fetzen zerteilt hatte, verteilte er es in der ganzen Wohnung. Ich gab auf. Igendwann würde er ja von selbst damit aufhören.

Als ich am nächsten Tag unter der Dusche stand, fand Julia es total witzig, den Kater in die Dusche zu werfen. Offensichtlich wollte sie mich loswerden. Der Doktor, der mich anschliessend verarzte, fand die Geschichte auch sehr amüsant. Ich verstand den Wink mit dem Zaunpfahl und kehrte nicht in Julias Wohnung zurück.

Kathie und Barbie

Die Heimfahrt zu meiner eigenen Wohnung machte ich im Bus. Mir gegenüber sass eine hübsche junge Frau. Plötzlich verspürte ich einen Druck und ließ einen fahren. Die junge Frau empörte sich: *also, sowas ist mir noch nicht passiert.* Ich sagte: *ach sie waren das, ich dachte schon ich wäre das gewesen.*

Wir mussten beide lachen und unterhielten uns anschliessend so lange, dass wir beide das aussteigen vergassen. An der Endhaltestelle forderte der Fahrer uns unhöflich auf, seinen Bus zu verlassen. Wir gingen zu Fuß weiter, bis zu ihrer Wohnung. Sie lud mich zu einem Kaffee ein und diesmal sagte ich nicht nein. Ich hatte dazugelernt.

Natürlich hatte Kathy auch eine Katze. Eine Burmakatze. Na ja, eher ein Kätzchen. Es hatte ein weißes Fell und lange spitze Ohren und hieß Barbie.

Barbie hatte eine Macke. Sie konnte Türen und Schränke öffnen. In der Nacht, wenn wir gerade schlafen wollten, ging es plötzlich los. *Klapper, klapper, klapper.* Barbie tobte sich in der Küche aus, indem sie sämtliche Schranktüren öffnete und Töpfe und Pfannen auf dem Boden hin und her zerrte. Ich wusste ja, dass Katzen tagsüber schlafen und nachts aktiv werden. Aber das war zuviel.

Am nächsten Morgen sah Barbie ziemlich traurig aus. Ich wollte sie ein wenig aufmuntern und erlaubte ihr, auf die Couch zu springen. Das klappte auch hervorragend. Nachdem sie die Couch vollgekotzt hatte, brauchte ich eine ganze Stunde, um die Schweinerei wieder abzuwischen.

Am nächsten Tag ist Barbie plötzlich verstorben. Ich hatte wirklich nichts damit zu tun. Kathy brachte es nicht übers Herz, ihren Liebling zu begraben. Natürlich nahm ich ihr den schweren Gang ab, ging hinters Haus und begrub die Katze. Dabei muss ich etwas schlampig vorgegangen sein. Als Kathy nochmal ans Grab kam, um sich von ihrem, Liebling zu verabschieden, schaute noch eine Katzenpfote aus der Erde. Jetzt musste Kathy erst recht weinen. Dann war sie auf mich stinksauer. Wie undankbar doch die Welt ist. Ich würde mir wohl eine neue Freundin suchen müssen.

Abbie und Apollo

Bei einer Kundgebung der Grünen lernte ich Abbie kennen. Abbie war eine Alternative. Sie war im Prinzip gegen alles, nur nicht gegen Männer. Sie nahm mich am Ende der Kundgebung mit zu sich nach Hause zu Kaffee und Kuchen.

Tatsächlich machte sie Kaffee und stellte einen Kuchen auf den Tisch. Es war ein Karottenkuchen. Nun bin ich kein Freund von Karotten. Ich esse doch nicht den Hasen das Futter weg. Aber aus Höflichkeit, nahm ich ein kleines Stück.

Natürlich hatte auch Abbie einen Kater, Apollo. So eine Rasse hatte ich noch nicht gesehen. Abbie klärte mich auf: das ist ein Mekong Bobtail. Na, ja, das passte ja zu ihr.

Als Abbie kurz in die Küche ging, wollte ich Apollo mein Stück Kuchen geben. Der machte einen Buckel, fauchte und verschwand in seinem Katzenkorb. Wir würden wohl keine Freunde werden.

Abbie bat mich, zum Abendessen zu bleiben. Ich war neugierig, was würde es wohl bei einer Alternativen geben. Bei jungen, alleinstehenden Frauen, gibt es meistens Nudelsalat. Ich wurde nicht enttäuscht. Es gab Nudelsalat. Nun bin ich kein Freund von Nudelsalat aber aus Höflichkeit wollte ich mich überwinden. Aber es war kein gewöhnlicher Nudelsalat. Abbie hatte ihn mit exotischen Gewürzen zubereitet. Mit Curry, Safran, Dill, Majoran und Bärlauch. Ich schmeckte auch etwas Knoblauch und

Oregano heraus. Fazit, der Nudelsalat schmeckte eigenartig.

Nach dem Abendessen wollte ich Apollo eine Freude machen. Ich ging zu seinem Lieblingsplatz und wollte ihn streicheln. Als ich näher kam, verdrückte sich Apollo unter die Couch und maunzte. Ich ging also wieder zurück an den Tisch. Kaum sass ich, kam Apollo unter der Couch hervor und legte sich wieder auf seinen Lieblingsplatz. So langsam glaube ich, Katzen können mich nicht leiden.

Trotzdem blieb ich einige Tage bei Abbie. Sie hatte nur ein Laster, sie rauchte gerne selbstgedrehte Zigaretten. Ich dagegen rauche auch, aber nur Filterzigaretten.

Nach wenigen Tagen entdeckte ich, dass Apollo eine Vorliebe für Zigarettenstummel hatte. Wenn ich am Abend vergaß, den Aschenbecher zu leeren, war er am nächsten Morgen ausgeräumt. Das Besondere daran war, dass Apollo nur meine Stummel klaute. Die von Abbie ließ er liegen. Bald darauf wurde Apollo zu faul, nur meine Stummel herauszupicken. Inzwischen schmeißt er den Aschenbecher einfach auf den Boden und sucht sich meine Stummel heraus. Zuerst dachte ich, er frisst die Stummel. Dann stellte ich fest, dass er sie überall in der Wohnung verteilt hatte und in sämtliche Ritzen stopfte. Wir würden sicher keine Freunde werden.

In dieser Nacht konnte ich nicht schlafen. Ich wollte unbedingt eine Zigarette rauchen, allerdings fand ich kein Feuerzeug. Von der Suche wurde Abbie ebenfalls wach und meinte: *in der*

Küchenschublade sind doch Streichhölzer. Ich ging
in die Küche und zog die Schublade auf. Das erste,
was mir ins Auge fiel, war ein Bild mit einem
hübschen jungen Mann darauf. Leicht beeunruhigt
ging ich ins Schlafzimmer und fragte: *Wer ist das auf
dem Bild, etwa dein Ehemann? Oder dein Freund?
Aber nein Schatz,* antwortete sie, *das bin ich - vor
der Operation.* Am Morgen zog ich aus.

Gundi und Beverly

Die nächste Freundin lernte ich über das Internet kennen. Ich las: *Junge Dame mit Pferdeschwanz sucht Herrn mit gleicher Eigenschaft.* Ich hatte zwar keinen Pferdeschwanz, verabredete mich aber trotzdem mit ihr in einem Cafe.

Als wir uns gegenüber sassen meinte sie: *ich habe dich mir ganz anderst vorgestellt. Wie denn, alt und hässlich?.* fragte ich. *Nein, im Gegenteil,* meinte sie. Schon war das Eis gebrochen.

Sie nahm mich mit in ihre Wohnung und stellte mir Beverly vor. Beverly war eine britische Kurzhaarkatze. Sie hatte ein graues Fell und sah ziemlich unscheinbar aus.

Beverly hatte gleich mehrere Macken. In der Nacht zog sie die Blumen aus der Vase und legte sie fein säuberlich neben die Vase. Dann haute sie gegen die Schlafzimmertür bis ich öffnete und ihr Werk begutachtete.

Nachdem das mehrmals in der Nacht passierte, war ich am Morgen nicht ausgeschlafen und schlecht gelaunt.

Nach dieser ersten Nacht sagte ich zu Gundi: *ich will ehrlich sein, du bist nicht meine erste Frau gewesen.* Sie antwortete: *dann will ich auch ehrlich sein, ich kann das nicht glauben.*

Als ich dann meine Jeans anzog meinte sie noch boshaft: *jetzt weiß ich endlich, warum diese Hosen "Nietenhosen" heißen.*

Verärgert verabschiedete ich mich und wußte, ich brauchte nicht wieder zu kommen.

Alice und Brutus

Wieder einmal war ich Solo. In der Nacht wurde ich mit einem Ruck wach. Ich hatte vergessen die Katze zu füttern. Ich stürzte aus dem Bett und hastete in die Küche. Dabei geriet ich ins Stolpern und landete auf den Fliesen. Alles tat mir weh und ich verfluchte die Katze. Als ich so da lag, fiel mir plötzlich ein, ich hatte gar keine Katze. So weit ist es schon mit mir gekommen.

Eines Tages läutete meine Nachbarin an der Tür und bat mich um ein Ei. Selbstverständlich half ich ihr aus. Erst als sie weg war, fiel mir auf, dass sie eigentlich ganz hübsch war. So was passiert in den neuen Wohnanlagen. Man hat eine hübsche Nachbarin und sieht sich monatelang nicht.

Am nächsten Tag erwartete ich den Sprudelhändler und hatte deshalb die Wohnungstür einen Spalt offengelassen.

Plötzlich kam die hübsche Nachbarin und wollte das geliehene Ei zurückgeben. Die Tür stand offen und es war niemand zu sehen. Also ging sie in die Küche, legte das Ei auf den Tisch und rief auf Verdacht in die Wohnung: *vielen Dank, ich lege ein Ei auf den Tisch.* Ich war gerade im Badezimmer und rief zurück: *Moment, nicht so eilig, das möchte ich gerne sehen.* So kamen wir miteinander ins Gespräch und bald darauf lud Alice mich in ihre Wohnung ein.

Natürlich hatte sie auch einen Kater, Brutus. Ein deutscher Angorakater. Brutus war ganz wuschelig und hatte ein gestreiftes, grauweißes Fell.

Nun versuchte ich mich auch mit Brutus anzufreunden und wollte ihn streicheln. Er fauchte mich an und biß mich in den Finger. Warum können Katzen mich eigentlich nicht leiden? Ich ging ins Bad und wusch das Blut ab. Als ich die Hände trocknen wollte fand ich kein Handtuch. Alice hatte kurz zuvor alles weggeräumt für die große Wäsche. Ich rief laut: *ich brauche ein Handtuch.* Sie rief zurück: *halte deine Hände doch einfach aus dem Fenster.* Da war ich aber froh, dass ich kein Sitzbad genommen hatte.

Mit Alice hielt ich es einige Tage aus. Mit Brutus nicht. Dafür löste ich heute drei Rätsel. Mir fiel ein Kugelschreiber hinunter und rollte unter das Sofa, natürlich ganz nach hinten. Als ich das Sofa verschob erkannte ich, wovon sich Brutus die letzte Woche ernährt hatte, wohin der Fisch verschwunden war, den ich letzte Woche essen wollte und woher dieser scheußliche Geruch kam.

Nachdem wir schon einige Tage zusammen waren ohne uns zu streiten fragte ich: *meinst du, ich könnte bei deinen Eltern um deine Hand anhalten? Klar kannst du das,* meinte sie, *aber der Form halber solltest du auch meinen Mann fragen, der kommt morgen von einer Geschäftsreise zurück.*

Ich dachte zuerst, sie hätte einen Witz gemacht, aber sie lachte überhaupt nicht. Also verabschiedete ich mich. Ich musste mal wieder eine neue Freundin suchen.

Alina und Cäsar

Alina lernte ich im Wartezimmer beim Arzt kennen. Wir waren uns gleich sympathisch und trafen uns nach dem Arztbesuch im Cafe. Ich wusste erst nicht was ich sagen sollte. Deshalb fragte ich: *hat dich der Arzt auch gründlich untersucht? Ich weiss nicht,* meinte sie, *er hat mich nur am Handgelenk angefasst und nachgesehen, ob seine Uhr richtig geht.*

Erst war ich skeptisch, aber sie war verdammt hübsch. Ich fragte sie, ob sie eine Katze hätte? Sie antwortete, nein, aber einen Kater. möchtest du ihn kennenlernen? Gerne, meinte ich. So kamen wir zu ihr nach Hause.

Cäsar war ein Ragamuffin-Kater. Eigentlich sah er wie eine gewöhnliche Hauskatze aus. Grau, gestreift und viel zu fett. Wieder versuchte ich mich mit einer Katze anzufreunden. Aber irgendetwas mache ich dauernd falsch.

Nach dem Essen wollte ich mich auf das Sofa legen und ein Verdauungsschläfchen halten. Aber das Sofa war belegt, vom schlafenden Cäsar. Ich schlich mich an und machte laut: *Buh.* Cäsar erschrak so heftig, dass er mit einem Satz vom Sofa runtersprang und laut kreischend durch die Wohnung rannte. Zufrieden legte ich mich hin. Alina kam aufgeregt ins Zimmer und fragte: *was ist passiert? Cäsar hat wohl schlecht geträumt*, meinte ich.

Am Abend wollte ich mich in den Sessel setzen und lernte dabei, dass ein Kater nicht tot ist, wenn man sich auf ihn setzt. Er beißt dir nur in die Eier.

Cäsar hatte es eindeutig auf mich abgesehen. Deshalb blieb ich bei Alina auch nicht über Nacht.

Amelie und Bashira

Als ich heute früh in den Spiegel schaute, hatte ich einen Waschbrettbauch. Als ich meine Brille aufsetzte, war der Waschbrettbauch plötzlich verschwunden. Ich brauche wohl eine neue Brille. Der Optiker klärte mich aber auf: *es liegt nicht an der Brille.* Er empfahl mir ein Sportstudio.

Zuerst gefiel mir der Vorschlag überhaupt nicht, doch dann fasste ich Mut und ging ins Fitness-Zentrum.

Eigentlich waren nur wenige Männer anwesend, aber Frauen. Und was für welche. Um mich herum sah ich an den Geräten lauter hübsche junge Frauen. Ich stellte mich am Gerät hilflos an. Sofort kam eine zu mir und erklärte mir die Funktion. Bei dieser Gelegenheit erfuhr ich auch gleich ihren Namen, Amelie. Ein schöner Name.

Nach dem Training lud mich Amelie gleich zu sich ein. Ich hörte mich nicht nein sagen.

Sie fragte mich: *was bist du eigentlich von Beruf? Ich bin Schriftsteller,* meinte ich großspurig, *aber ich benutze ein Pseudonym.* Amelie: *das brauchst du bei mir nicht, ich nehme die Pille* .

Als wir ihre Wohnung betraten kam uns Bashira entgegen. Bashira war eine Abessinierkatze mit rot-weißem Fell. Nach einigen schönen Tagen mit Amelie fand ich heraus, dass Bashira auch ihre Macken hatte.

Ich glaube, die ist nicht ganz dicht. Erst schiebt sie ihren Wassernapf durchs Badezimmer, dann latscht sie voll durch die entstandenen Pfützen. Einmal stand sie in der Badewanne, als ich das Wasser aufdrehte. Nach 20 Sekunden stellte sie fest, dass sie im Wasser stand und sprang aufgeschreckt aus der Wanne. Einmal war sie auf dem Balkon und sah einen Vogel. Sie dachte wohl, sie könnte auch fliegen und fiel vor lauter Hektik vom Balkon. Zum Glück landete sie in einem Blumenbeet und blieb unverletzt.

Nach zwei Wochen hatte ich von Beiden genug und suchte einen Grund, um zu verschwinden. Ich sagte zu Amelie: *ich muss dringend bis zum Wochenende verreisen. Sollte es länger dauern, schreibe ich dir eine Karte. Nicht nötig*, meinte sie, *ich habe die Karte bereits in deiner Jackentasche gefunden.* Dann sagte sie: *du bist wirklich ein Esel. Dir fehlen nur noch die Hörner. Aber ein Esel hat doch keine Hörner,* meinte ich. Amelie: *wenn das so ist, dann fehlt dir überhaupt nichts.* Nun war es Zeit für mich, zu verschwinden.

Anabell und Figaro

Bei einem Volksmusikabend lernte ich Anabell kennen. Diesmal änderte ich meine Taktik und lud sie zu mir in die Wohnung ein. Ich sorgte für schummrige Beleuchtung und auf der Musikanlage lief gedämpft Kuschelrock. Dann servierte ich ihr Champagner (Dom Perignon) und echten russischen Kaviar. Ich hatte keine Kosten gescheut. Anabell imponierte das aber alles nicht. Sie meinte: *der Erdbeersekt ist bitter und die Brombeermarmelade schmeckt nach Fisch.* Da hätte ich auch Rotkäppchensekt und Seehasenrogen nehmen können.

Dann begann sie zu schwärmen: *bei dem Volksmusikabend, der Hansi Hinterseer, das ist ein Mann. Der wird überhaupt nicht älter. Was ist das schon*, meinte ich abfällig, *denke dir seine Locken weg, die breiten Schultern und die strahlend weißen Zähne, was bleibt dann noch übrig? Du*, meinte sie.

Der Abend nahm einen Verlauf, der so nicht vorgesehen war. Als sie mich bat, sie nach Hause zu bringen, war ich sogar froh.

Ich fuhr sie im Auto nach Hause. Plötzlich musste ich scharf bremsen. Ich entschuldigte mich sofort: *ich habe wohl etwas zu scharf gebremst? Aber überhaupt nicht*, antwortete sie, *ich trage meinen Schlüpfer immer um die Fußknöchel.*

Als wir ihre Wohnung erreichten bat sie mich trotzdem herein. Vielleicht würde der Abend doch noch einen guten Abschluss nehmen.

In der Diele kam uns Figaro entgegen. Figaro war ein Sphynx-Kater, äußerst schlank und kurzhaarig. Er sah mich misstrauisch an und machte erst mal einen Buckel. Die Fronten waren abgesteckt.

Ich habe mal in einem Lumpenlied gehört, in dem kam der Vers vor: *jede alte Schrulle, die hat a Katzemulle.* Ich weiß nicht mehr wie das Lied hieß. Außerdem stimmt es nicht mehr, inzwischen hat auch fast jede junge Frau eine Katze.

Schließlich blieb ich auch noch über Nacht. Gegen 3 Uhr wurde ich von einem seltsamen Geräusch geweckt. Es polterte und bumste, dazwischen hörte ich das Tappen von kleinen Pfoten. Da ich nicht der Mutigste bin, schickte ich Anabell zum nachsehen. Sie war nicht begeistert, ging dann aber doch. Als sie nicht mehr auftauchte, machte ich mir doch Sorgen und nahm meinen ganzen Mut zusammen. Als ich vorsichtig die Küchentür öffnete sah ich Anabell. Sie spielte mit Figaro Kartoffelball. Eine kleine Kartoffel muss wohl unter den Schrank gerollt sein, ohne dass es bemerkt wurde. Figaro fand das Ding und spielte damit. Daher kamen die Geräusche. Ich nahm die Kartoffel unter lautem Protest von Beiden und entsorgte sie im Abfalleimer. Dann gingen wir wieder schlafen.

Eine Stunde später hörten wir einen fürchterlichen Lärm in der Küche. Wir rannten sofort hin und sahen Figaro. Er hatte es geschafft, die Tür zum Mülleimerschrank zu öffnen, den Eimer herauszuzerren und umzuwerfen. Vor ihm lag die kleine Kartoffel. Anabell setzte sich zu Figaro und

Beide spielten nun wieder Kartoffelball. Die hatten doch beide was an der Waffel.

Am nächsten Morgen war alles wieder vergessen. Allerdings fiel mir auf, dass Anabell dauernd irgendwelche Tabletten schluckte. *Was schluckst du da die ganze Zeit, ist das die Pille?,* fragte ich. *Im Gegenteil,* meinte sie, *das sind Beruhigungstabletten, ich habe nämlich die Pille vergessen.* Hoppla, dachte ich, jetzt ist es Zeit zu verschwinden.

Andrea und Funny

Inzwischen hatte ich eine kleine Reparatur an meinem Auto. Ich fuhr in die Werkstatt zur Reparaturannahme. Dort saß Andrea, eine hübsche Rothaarige. Ich dachte, mit meinen üblichen Anmachsprüchen komme ich hier nicht weit. Ich musste mir etwas neues einfallen lassen.

Sie sah mich an und fragte: *was haben wir für ein Problem?* Ich sagte: *ich habe mein Auto tiefer legen lassen, jetzt schauen mir ständig die Dackel zum Seitenfenster herein. Und das schlimme ist, wenn sie mich sehen erschrecken sie und rennen davon. Das wundert mich auch,* meinte sie, *die sehen doch nur einen Artgenossen.* Hoppla, dachte ich, die ist aber schlagfertig.

Nachdem wir dann aber das mit der Reparatur geklärt hatten meinte sie: *wir könnten ja mal miteinander ausgehen. Wie wär's mit heute Abend?* Ich war so überrascht, dass ich nur noch ja, ja, stottern konnte und hatte es plötzlich eilig.

Am Abend holte ich sie ab und wir gingen ins Kino. Es lief gerade der Film „Und immer lockt das Weib". Wie passend.

Nach der Vorstellung nahm sie mich mit in ihre Wohnung. Und - was für eine Überraschung - sie hatte eine Katze. Funny war eine britische Kurzhaarkatze. Sie strich auch gleich um meine Beine und miaute. Das gibt's doch nicht, eine Katze die mich leiden kann? Beide wurden mir sofort sympathischer.

Ich verbrachte mit Andrea einige schöne Tage und mit Funny kam ich immer besser zurecht. Funny bekam immer genug zu fressen, aber wenn ich etwas Essbares in der Hand hielt, bettelte sie so jämmerlich, als hätte sie eine Woche lang nichts zu fressen bekommen.

Einmal aß ich einen Joghurt. Den leeren Becher stellte ich zum ausschlecken auf den Boden. Funny kroch mit dem ganzen Kopf hinein und blieb stecken. Dann tappte sie mit dem Becher auf dem Kopf rückwärts durch die Küche. Das war einfach zum Schießen. Ich habe versucht ein Foto zu machen, aber bis ich den Fotoapparat bereit hatte, war der Becher schon runtergefallen.

Unserem Glück schien nichts im Wege zu stehen, bis ich eines Abends spät vom Stammtisch nach Hause kam. Ich hatte noch Hunger, wollte aber Andrea nicht wecken. Deshalb machte ich in der Küche kein Licht, nahm eine Scheibe Brot, schmierte etwas Butter darauf und biss ein paarmal ab. Dann ging ich schlafen. Am nächsten Morgen schleppte mich Andrea in die Küche und deutete wortlos auf den Tisch. Auf dem blitzsauberen Tisch lag der Küchenschwamm mit Butter beschmiert, von dem einige Bissen abgeknabbert waren. Das konnte ich nun wirklich nicht auf die Katze schieben.

Andrea meinte, es wäre besser, wenn wir uns wieder trennen und warf mich einfach hinaus. Ich konnte mich noch nicht mal von Funny verabschieden.

Angelina und Smoky

Als ich nach Hause kam saß vor der Tür der Kater des Nachbarn und kratzte sich ausgiebig am Hals. Ich wollte ihm eine Freude machen und kraulte ihn dort. Nun kratzte er sich am Bauch. Auch dort kraulte ich ihn. Plötzlich leckte er sich die Eier und schaute mich erwartungsvoll an. Das machte das Mistvieh doch mit Absicht. Diesmal kraulte ich ihn nicht, sondern gab ihm einen Tritt. Der Kater fauchte und machte einen Satz unter das nächste Auto. Da blieb er den ganzen Tag. Erst in der Nacht traute er sich wieder hervor. Wir beide würden wohl auch keine Freunde werden.

Als ich am nächsten Morgen zum Briefkasten ging traf ich auf Angelina, die Briefträgerin, die gerade die Post verteilte. Bisher hatte ich sie noch nie richtig gesehen. Nun stellte ich fest, dass sie eigentlich ganz hübsch war. Außerdem hatte sie eine tolle Figur. Das brachte wohl der Beruf mit sich. Leider hatte sie für eine Unterhaltung keine Zeit. Sie stand ziemlich im Stress. Deshalb lud ich sie für den Abend zum Essen ein und bekam sogar eine Zusage.

Nach dem Abendessen lud sie mich zu ihr nach Hause ein. Das klappte ja hervorragend.

Als wir die Wohnung betraten stolperte ich fast über Smoky, ihren Siamkater. Smoky tippte sich mit der Pfote an die Stirn. *Hast du das gesehen,* fragte ich Angelina, *der hat mir den Vogel gezeigt. Nein,* meinte sie, *der hat sich ans Auge getippt und wollte mir damit sagen, ich habe da was im Auge.* Ich wollte nicht so recht daran glauben. Aber unsere Beziehung war ja erst am Anfang, da nimmt man einiges in Kauf. Als ich nochmal nach Smoky sah, streckte er mir sogar die Zunge heraus. Jetzt war ich sicher, der konnte mich auch nicht leiden.

In den nächsten Tagen stellte ich fest, dass Smoky verrückt nach Kartoffelchips war. Sobald ich ein Tüte öffnete, hörte er das rascheln. Auch wenn er zuvor tief und fest geschlafen hatte. Wenn ich ihm dann einige Chips gab, war Angelina sauer. Die Chips waren scharf gewürzt und Smoky stürzte sich auf seine Wasserschale, dabei sah er mich vorwurfsvoll an. Wenn er aber die leere Tüte bekam, war alle Feindschaft vergessen. Damit tobte er in der ganzen Wohnung herum.

In der Nacht wachte ich auf und hatte einen riesen Kohldampf. Ich wollte Angelina nicht wecken und schlich mich in die Küche. Smoky beobachtete mich ganz genau. In der Küche machte ich Licht. Die Sache mit dem Schwamm hatte ich nicht vergessen. Im Kühlschrank fand ich einen Pastete, die ich in 10 Sekunden hinunterschlang (wie ein Rottweiler). Am nächsten Morgen fragte mich Angelina: *was hast du mit dem Rest Katzenfutter gemacht?* Ich spielte den Ahnungslosen, aber Smoky wusste Bescheid.

So langsam kühlte dann unsere Beziehung ab. Vor dem Schlafengehen sagte ich zu Angelina: *mach doch bitte die Vorhänge zu, sonst kann mich die Nachbarin nackt sehen. Wenn sie dich nackt sieht,* meinte sie, *zieht sie ihre Vorhänge schon von selbst zu.*

Am nächsten Morgen kam Angelina ins Wohnzimmer und sagte: *Hallo Liebling.* Ich schaute von der Zeitung auf und fragte: *hast du mich gemeint, oder die Katze?* Wortlos ging sie zu Smoky und streichelte ihn. Aha.

Noch am selben Tag verließ ich Angelina und sie war nicht mal traurig. Auch Smoky weinte mir keine Träne nach.

Anika und Daisy

Nach dem Abschied von Angelina war ich einige Tage solo. Ich ging am Fluss spazieren und musste darüber nachdenken, warum mich die Katzen nicht mögen. Liegt es an den Katzen oder an mir? Plötzlich kam aus dem Gebüsch ein kleines Kätzchen. Ich erschrak furchtbar, riss die Arme in die Höhe und schrie so laut ich konnte. Das Kätzchen fiel um und war auf der Stelle tot. Nun kam auch noch ein kleines Mädchen aus dem Gebüsch und rief nach ihrer Mischka. Ich wollte der Katze einen Tritt geben, damit sie wieder im Gebüsch landete, aber das Mädchen hatte ihr Kätzchen schon gesehen und fing an zu weinen. Das konnte ich nicht mit ansehen und verdrückte mich schnell.

An diesem Tag wollte ich noch einen alten Bekannten besuchen und stand bald vor seinem Haus. Eine Türglocke fand ich nicht, aber auf dem Fußabtreter lag eine Katze. Das erinnerte mich an Früher. Da hatten die Häuser keine Türglocken, aber vor jedem Haus lag eine Katze. Wenn man einen Besuch machen wollte, trat man einfach auf die Katze. Die stieß einen fürchterlichen Schrei aus, den man im ganzen Dorf hörte. Die Hausbewohner wussten nun, es kommt jemand zu Besuch.

Ich wollte gerade die biologische Glocke betätigen, da kam eine junge hübsche Frau aus der Haustür. Sie schnappte sich die Katze und sagte: *tut mir leid, ich habe es furchtbar eilig, ich muss zum Tierarzt und dann gleich zur Arbei, das wird knapp.*

Sie wollte schon vorbeirennen, da sagte ich: *Moment, Moment, nicht so eilig. Das kann ich dir doch abnehmen. Ich gehe mit der Katze zum Tierarzt und du gehst gleich zur Arbeit.* Erleichtert stimmte sie zu und meinte: *bitte bringe Daisy dann heute Nachmittag nach 16.00 Uhr zu mir zurück.* Neugierig fragte ich: *wo arbeitest du? Im Park-Hotel, in der Optiker-Abteilung, ich putze dort die Brillen,* antwortete sie.

Ich brachte Daisy also zum Tierarzt. Dort bekam sie eine Spritze, das war alles. Als ich am Nachmittag nach 16.00 Uhr zu Anika kam sagte ich: *es ist alles gutgegangen. Aber eines ist komisch, während der Fahrt hat Daisy ständig gemaunzt, als wollte sie mir etwas wichtiges sagen. Oh ja,* sagte Anika, *sie wollte dir sagen, dass du die falsche Katze mitgebracht hast.* Tatsächlich, nun erinnerte ich mich, Daisy war ein rothaarige Abessinierkatze und ich hatte eine schwarze dabei. Verlegen fuhr ich sofort zum Tierarzt zurück. Dort war man schon ganz aufgeregt, weil Blacky verschwunden war. Ich konnte die Katzen nun problemlos umtauschen und fuhr zurück.

Durch dieses Missgeschick kamen Anika und ich uns näher und bald darauf zog ich bei ihr ein. Ich hatte inzwischen ganz vergessen, was ich in dem Haus eigentlich wollte.

Mit Anika kam ich gut zurecht und mit Daisy verstand ich mich auch ganz gut. Aber Anika hatte auch noch einen Wellensittich. Hinter dem war Daisy ständig her, aber in seinem Käfig war er sicher.

Eines Tages tat ich Futter in den Käfig und vergaß das Türchen zu schließen. Der Wellensittich benutzte die Gelegenheit für einen kleinen Rundflug. Ich wollte ihn wieder einfangen aber Daisy war schneller. Als Anika von der Arbeit kam sah sie den leeren Käfig und fragte: *wo ist denn Hansi? Keine Ahnung* sagte *ich, aber stell dir vor, Daisy kann plötzlich sprechen.* Das verzieh sie mir nicht und beendete spontan unsere Beziehung. Sie warf mich einfach raus.

Ariadne und Pascha

Ich musste über einiges nachdenken und schlenderte durch einen Teil der Stadt, den ich noch nicht kannte. Der Stadtteil war Menschenleer. Ein alter Kater maunzte und trottete mir hinterher. Ich gab ihm eine Tritt, aber er miaute nur und verfolgte mich weiter. Plötzlich kam ein Sportwagen um eine Kurve gerast und erwischte den Kater voll. Der blieb liegen und ließ die Zunge heraushängen. Vermutlich war er tot. Ein junger Mann stieg aus dem Sportwagen, sah die Katze an und entschuldigte sich bei mir: *tut mir leid, sind sie mit 500 Euro einverstanden?* Ich nickte, steckte wortlos das Geld ein und machte mich vom Acker. Der junge Mann brauste erleichtert davon. Ich dachte, wem die Katze wohl gehört? Und ließ sie liegen.

Bald darauf erreichte ich die Fußgängerzone. Dort verteilten Studenten Prospekte. Eine junge Frau fiel mir besonders auf. Ich ließ mich auf eine Unterhaltung ein und steckte dankbar den Prospekt ein. Durch den unerwarteten Geldsegen für die tote Katze war ich jetzt flüssig und lud die junge Frau ins Café ein. Ich half ihr sogar, die restlichen Prospekte zu verteilen, damit sie schneller fertig wurde. Ja, ich bin schon ein hilfreicher Mensch. Nach dem Cafebesuch wollten wir uns in den kommenden Tagen wieder treffen.

Nach einigen Verabredungen hatte ich sie weichgekocht und sie lud mich zu sich nach Hause ein.

Ariadne, so hieß die Liebliche, hatte natürlich auch einen Kater, Pascha. Pascha war ein sibirischer Kater und er schaute mich gleich misstrauisch an. Ich würde ihm schon klar machen, wer der Pascha im Haus ist.

Nach der ersten Nacht frühstückten wir zusammen. Plötzlich hatte ich Tränen in den Augen: *Liebling, ich glaube du hast ein Bisschen zu viel Salz in den Kuchen getan. Das ist kein Kuchen,* meinte sie unter Tränen, *das ist einen Frikadelle.* Ich tröstete sie und alles war wieder gut. Nun meinte sie: *Pascha muss dringend zum Tierarzt, aber ich habe heute keine Zeit. Würdest du das für mich übernehmen? Für dich tu ich doch alles*, sagte ich und dachte: jetzt muss ich mit dem Mistvieh auch noch zum Tierarzt.

Ariadne verließ bald darauf die Wohnung und ich schnappte mir die Transportbox für Pascha. Aber wo war Pascha? Er hatte sich unters Bett verkrochen und machte keine Anstalten, wieder hervorzukommen. Ich versuchte unter das Bett zu kriechen, kam auch darunter, aber nicht mehr darunter weg. Pascha hatte sich inzwischen ins Wohnzimmer unter die Couch verzogen. Ich ging auf die Knie und lockte mit Leckerchen. Pascha grinste mich höhnisch an und rührte sich nicht. So ging es also nicht. Ich tat nun so, als würde er mich überhaupt nicht interessieren und ging in die Küche.

Dort fing ich an mit Tellern und Töpfen zu klappern. Dann holte ich eine Dose Katzenfutter aus dem Kühlschrank und rührte lautstark mit dem Löffel in der Dose herum. Der Kerl müsste doch vor

Neugier fast platzen. Außerdem hatte er noch nichts zu fressen bekommen. Aber seltsam, heute hatte er wohl keinen Hunger. Schließlich gab ich auf, ging in die Diele und rief beim Tierarzt an, um einen neuen Termin zu vereinbaren. Als ich in die Küche zurückkomme, wer sitzt da? Pascha und er wartet seelenruhig auf sein Futter.

Inzwischen war es bereits Nachmittag und ich wollte mir nicht den ganzen Tag versauen lassen. Ich verließ die Wohnung und ging in meine Stammkneipe.

Ich kam ziemlich spät zurück und schimpfte gleich los: *was ist denn das für ein fürchterliches Fernsehprogramm. Und was ist denn das für ein widerwärtiger Typ, den sie da als Ansager haben?* Ariadne klärte mich gleich auf: *du stehst vor dem Garderobenspiegel.*

Am Morgen konnte ich mich nicht mehr erinnern und sagte zu Ariadne: *entschuldige, dass ich erst so spät und mit einem blauen Auge heimgekommen bin. Um ehrlich zu sein,* meinte sie, *das blaue Auge hattest du da noch nicht.* Ich beruhigte sie: *ich verspreche dir, ich werde ein Anderer.* Wütend antwortete sie: *das brauchst du mir nicht zu versprechen, ich habe nämlich schon einen.*

Ich verstand, packte meine Sachen und ging.

Betsy, Puschel und Wuschel

Betsy fiel mir im Schwimmbad auf. Sie schwamm wie eine Nixe durch das Becken und ihre Wendungen waren fast elegant. Ich beobachtete sie eine Weile, aber sie wollte einfach nicht aus dem Wasser herauskommen. Nach einer Stunde war sie endlich mit ihrem Programm fertig und kam erschöpft die Treppe herauf. Ich ging sofort hin und bot ihr mein Handtuch an. Dankend nahm sie an und trocknete sich damit ab. Was für eine Frau. Was für eine Figur.

Ich lud sie zu einem Kaffee ein und wir plauderten fast eine Stunde miteinander. Dann verabredeten wir uns für den nächsten Tag. Ich war fast verliebt in Betsy, aber bald musste ich feststellen, dass ich mich in ihr total getäuscht hatte.

Am Anfang war alles in Ordnung. Wir gingen einige Mal aus und schließlich landete ich in ihrer Wohnung. Ich fragte sie: *hast du eine Katze?* Sie antwortete: *Nein*. Ich freute mich schon, da sprach sie weiter: *Zwei*.

Sie hatte tatsächlich zwei große Kater mit grauem Fell und Streifen an den Beinen. Wuschel war ein Karelian Bobtail und Puschel ein Kurilen Bobtail. Ich sah keinen Unterschied. Beide sahen gleich aus. Vielleicht waren es Brüder.

Die Beiden beherrschten die Wohnung und sahen mich als Eindringling an. Ich musste immer auf der Hut sein, wenn sich einer von Hinten anschlich und mit der Pfote nach meinen Beinen haute. Das waren keine wuscheligen Stubentiger, das waren Killer.

Auch Betsy, meine Königin, änderte sich bald. Sie wurde immer zickiger. Als wir uns mal wieder stritten, sagte ich: *reize nicht das Tier in mir.* Sie antwortete: *meinst du wirklich ich hätte Angst vor einem Esel?*

Einmal kam sie von der Arbeit und fragte: *weißt du eigentlich, was ein Charakterkopf ist?* Vorsichtshalber sagte ich: *nee, keine Ahnung. Siehst du,* meinte sie, *mir geht es genauso. Auf dem Heimweg hat mich ein Typ angesprochen: Lady, sie haben aber einen Charakterkopf. Und weil ich nicht weiß, was das ist, habe ich ihm vorsichtshalber erst mal eine auf's Maul gehauen.*

Unser Verhältnis trübte sich immer mehr. Außerdem ging mir ihre Mutter auf die Nerven, die sich ständig in der Wohnung herumtrieb. Schließlich hatte ich genug und stellte Betsy vor die Wahl: *Ich bin jetzt schon zwei Wochen mit dir zusammen und die ganze Zeit treibt sich deine Mutter hier bei uns herum. So langsam bringt sie mich zur Weißglut. Dauernd meckert sie am Essen herum, säuft wie ein Bierkutscher und pumpt mich jeden Tag an. Jetzt ist Schluss. Sag ihr, sie soll in ihre eigene Wohnung zurückkehren, oder ich gehe. Meine Mutter?* kreischte Betsy, *ich dachte das wäre deine Mutter.* Dann warf sie uns Beide hinaus.

Aus meiner Traumfrau war plötzlich eine Furie geworden und ich konnte mich noch nicht einmal von Wuschel und Puschel verabschieden.

Babette, Donna und Diva

Babette lernte ich bei einem Rockkonzert kennen. Das Konzert dauerte bis in die Nacht. Unter den Besuchern waren auch einige zwielichtige Gestalten. Eigentlich waren dort nur zwielichtige Gestalten. Babette fürchtete sich, allein nach Hause zu gehen. Natürlich begleitete ich sie. So landete ich in Ihrer Wohnung.

Babette hatte zwei kleine Bengalkätzchen. Donna und Diva. Das waren wirklich zwei süße Kätzchen und sie ließen sich sogar von mir streicheln.

Mit Babette war es eigentlich ganz schön, aber bald merkte ich, dass sie etwas naiv war.

Einmal kam sie von der Arbeit und sagte ganz aufgeregt: *stell dir vor, heute wollte mich ein Mann mitten in der Stadt einfach küssen. Ich bin vielleicht gerannt. Und*, fragte ich, *hast du ihn eingeholt?* Den Witz verstand sie nicht.

Am nächsten Tag kam sie wütend vom Supermarkt zurück und sagte: *stell dir vor, die Verkäuferin hat mich vor allen Leuten ein altes Tratschweib genannt. Dann geh doch nicht hin*, meinte ich, *wo dich alle kennen.* Auch den Witz verstand sie nicht.

Dann schimpfte sie auch noch auf die Post: *das ist doch eine verdammte Schlamperei mit der Post. Ich habe meiner Schwester einen wichtigen Brief geschrieben und heute finde ich ihn in meiner*

Tasche. Jetzt war ich mir sicher, sie hatte einen an der Waffel. Aber sie war doch so hübsch.

Am nächsten Tag war es ziemlich kalt. Bevor sie zur Arbeit ging fragte sie: *meinst du mein neuer Minirock ist zu kurz? Schau mal, wenn ich mich bücke kann man dann meinen Slip sehen? Nein*, sagte ich, *aber bei dem Wetter würde ich einen anziehen.*

Dann erwischte es mich. Bei dem kalten Wetter hatte ich mich erkältet. Ich hatte einen rauen Hals. Ich besorgte mir Hustentropfen. Dann tröpfelte ich einige Tropfen auf ein Stück Würfelzucker. Dabei schaute mir Diva zu. Ich wiederholte das mehrmals am Tag und immer war Diva an meiner Seite und schaute zu. Diesmal dauerte es ihr wohl zu lange bis ich 25 Tropfen auf den Zuckerwürfel platziert hatte. Mit einem Satz sprang sie auf den Tisch und hatte schnell den Verschlussdeckel von den Hustentropfen abgeleckt. Das dauerte nur eine Sekunde. Ich nahm schnell ein Stück Papier von der Küchenrolle und wischte Diva den Mund ab. Sie leckte sich immer wieder mit der Zunge um den Mund. In den Hustentropfen war ja Alkohol und der schien ihr zu schmecken. Wenig später lag sie in der Diele und schielte was das Zeugs hielt. Wahrscheinlich hat sie Morgen einen Kater. Nun wusste ich, wie ich widerspenstige Katzen beruhigen konnte, mit Hustentropfen. Ich besorgte mir gleich eine neue Flasche. Man kann ja nie wissen.

Dann passierte etwas Schlimmes. Bei Diva wurde ein Hirntumor festgestellt. Das konnte man nicht operieren und sie musste eingeschläfert werden. Um

Babette den schweren Gang zu ersparen nahm ich Diva in Babettes Abwesenheit mit zum Tierarzt und ließ sie einschläfern. Als ich nach Hause kam empfing mich Babette furchtbar wütend. Ich hatte aus Versehen Donna erwischt und die falsche Katze einschläfern lassen. Die beiden sahen sich aber auch wirklich sehr ähnlich.

Babette glaubte natürlich ich hätte das absichtlich gemacht und schmiss mich kurzerhand raus. Das kam mir sehr gelegen. Aber ich versichere euch, ich habe die Katzen nicht absichtlich verwechselt.

Bianca und Dolly

Nun wollte ich mal ein paar Tage ausspannen und allein bleiben. Das war nicht einfach. Mitten in der Stadt lief mir Bianca über den Weg. Sie fragte nach dem Westweg und hatte alles dabei, was man für eine Wanderung braucht. Wanderstöcke, Wanderstiefel, Anorak und Rucksack. Meine Wegbeschreibung durch die Stadt bis zum Anfang des Westweges verstand sie nicht. Kurz entschlossen, ich hatte ja Zeit, begleitete ich sie durch den Stadtgarten bis zum Kupferhammer. Dort am Goldenen Tor blieben wir stehen. Ich erklärte ihr: *nun gehst du die Treppe hoch, durch das Tor und dann folgst du immer der Roten Raute.* Sie versprach mich anzurufen, wenn sie die erste Etappe bis zum Dobel geschafft hatte. Ich wünschte ihr viel Glück und dachte: schade eigentlich, die hätte mir schon gefallen.

Am nächsten Morgen wurde ich schon sehr früh vom Telefon geweckt. Es war Bianca. Sie hatte Blasen an den Füßen und konnte nicht weiterlaufen. Ob ich sie wohl abholen könnte, sie kenne sonst niemanden. Na, das war meine Chance. Ich sprang sofort ins Auto und fuhr los. Als ich dort ankam fiel sie mir vor Freude in die Arme. Ich tröstete sie und brachte sie nach Hause. Natürlich musste ich mit in die Wohnung. Sie konnte mich ja nicht einfach wegschicken.

Ich sah mich in der Wohnung um. Keine Katze. Bianca gefiel mir immer besser. Meine Freude war aber nur kurz. Die Wohnungsnachbarin hatte uns gehört und kam herein. Auf dem Arm trug sie eine kleine weiße Katze. Bianca nahm die Katze auf den Arm und freute sich riesig. Nun erfuhr ich, dass die Nachbarin für die Zeit der Wanderung Biancas Katze in Pflege genommen hatte.

Dolly, so hieß das kleine weiße Fellbündel, war eine Ragdoll. Von dieser Rasse hatte ich noch nie gehört. Für mich sah sie aus, wie jede andere Katze.

Bianca hatte sich für die nächsten Wochen Urlaub genommen und fragte mich, ob ich nicht hierbleiben möchte und den Urlaub mit ihr verbringen wolle. Ich hörte mich nicht nein sagen. So begann meine Zeit mit Bianca und Dolly.

Am nächsten Morgen fragte ich Bianca: *hallo Schatz, die Liebe ist doch etwas Wunderbares. Sicher,* meinte sie, *aber mit dir war es auch ganz nett.* Inzwischen kam auch Dolly ins Wohnzimmer. Ich kniete auf den Teppich und spielte mit ihr. Bianca sah uns eine Weile zu und meinte dann: *hör doch auf, Dolly am Schwanz zu ziehen.* Ich protestierte: *ich ziehe doch gar nicht, ich halte sie nur fest, Dolly zieht.* Dann ließ ich aber doch los und Dolly verzog sich auf den Balkon.

Draußen scheinte die Sonne und Dolly langweilte sich, weil keiner mit ihr spielte. Sie döste vor sich hin. Plötzlich hüpfte eine große Heuschrecke auf den Balkon. Dolly war schlagartig wach. Was für ein Monster.

Erst beäugte sie das Monster aus sicherer Entfernung, dann machte sie vorsichtig einen

Schnupperversuch. Der Heuhüpfer machte einen Satz und sprang ihr ins Gesicht. Dolly machte einen Salto rückwärts und lag hinter einem Blumenkasten. Sie verstand die Welt nicht mehr. Dann siegte aber die Neugier. Sie schlich sich wieder an und wollte den Heuhüpfer sanft mit der Pfote berühren. Das Monster machte einen Satz und saß nun auf ihrem Rücken. Total erschrocken sauste sie davon und versteckte sich unter der Couch. Der Heuhüpfer war immer noch auf dem Balkon, dort gefiel es ihm wohl. Dolly machte einen neuen Versuch. Sie schlich sich vorsichtig an und peilte um die Ecke. Dann ging sie in die Hocke, wackelte mit dem Hintern und sprang. Ein Biss und das Monster war Geschichte. Ich klatschte Beifall: *Bravo Dolly, gut gemacht.*

Nach einigen Tagen fragte mich Bianca: *was liebst du am meisten an mir? Meine Schönheit, oder meine wunderbare Figur?* Vorsichtig antwortete ich: *deinen Humor.*

Nach einigen Tagen war das Feuer in unserer Beziehung erloschen und ich begann beim Frühstück zu meckern: *auf der Butter ist eine Fliege.* Bianca: *das kann nicht sein. Sieh doch selbst,* meinte ich. Bianca schaute genauer hin und meinte: *das ist keine Fliege sondern eine Motte und das ist auch keine Butter sondern Margarine.* Verärgert sagte ich: *jeder Mensch sollte an etwas glauben. Ich zum Beispiel glaube, dass ich heute zum Frühschoppen gehe. Und ich glaube*, meinte Bianca, *dass du heute ausziehst.* Damit war alles gesagt. Schade eigentlich, ich konnte

53

ja beide gut leiden. Trotzdem machte ich keinen Versuch, sie umzustimmen und zog aus.

Die Wanderung

Wir waren 8 Personen und fuhren mit zwei Autos ins Elsass. Dort wollten wir zwei Stunden wandern von Mons nach Soleur. Zwei kleine Orte, die nicht mal auf der Landkarte zu finden waren. In Soleur wollten wir im Gasthaus essen und anschließend gemütlich zusammen sitzen.

Unser Wanderführer war Manfred. Manfred kannte sich im Schwarzwald sehr gut aus. Er kannte den Westweg, den Ostweg, den Mittelweg und sämtliche Querwege. Allerdings gab es da ein Problem, das wir aber zu spät bemerkten. Manfred war noch nie in Frankreich. Unsere Fahrt ging aber ins Elsass und die Vogesen.

Wir kamen früh um 9 Uhr in Mons an. Herbert und Ulrike fuhren mit den Autos gleich weiter nach Soleur und warteten dort in der Gaststätte auf uns.

Wir waren kaum ausgestiegen, da rannte unser Wanderführer Manfred schon los. Manfred hatte nur ein Hobby das Wandern. Er machte große Schritte und legte ein mächtiges Tempo vor. Ich glaube, er wollte noch vor den Autos in Soleur sein. Mit meinen kurzen Beinen kam ich kaum hinterher. Den anderen ging es ähnlich. Mehr oder weniger stolperten wir Manfred hinterher.

Hier erzähle ich euch eine kleine Geschichte über Manfred. Mit ihm wollte ich mal den Westweg von Pforzheim nach Basel wandern. Wir traten durch das Goldene Tor am Kupferhammer und gingen los. Manfred legte sein Tempo vor und ich kam nicht hinterher. Nach fünf Minuten hatte er schon 100 Meter Vorsprung. Als ich das Hoheneck erreichte war von Manfred nichts mehr zu sehen. Ich wanderte also allein weiter über Dillweißenstein, Birkenfeld, Neuenbürg und Schwann bis zum Dobel. Von Manfred war nichts mehr zu sehen. Im Dobel schloss ich mich einer anderen Wandergruppe an. Der Westweg ist einer der beliebtesten Wanderwege und hier sind immer Wanderer unterwegs. Ich wanderte also mit meinen neuen Freunden Etappe nach Etappe bis zum Titisee, der neunten Etappe. Dort traf ich wieder auf Manfred. Aber ich hatte ihn nicht eingeholt, er kam mir entgegen und war bereits wieder auf dem Rückweg von Basel nach Pforzheim. Okay, ich gebe zu, diese Geschichte habe ich erfunden. Aber so etwa kann man sich vorstellen wie es war, mit Manfred zu wandern.

Nach zwei Stunden tauchten die ersten Häuser auf. Wir waren also gut im Plan. Als wir näher kamen stellten wir fest, dass uns die Häuser irgendwie bekannt vorkamen. Dann sahen wir das Ortsschild „Mons". Wir waren also da, wo wir losgewandert sind. Wie war das mögtlich? Ganz einfach, wir waren auf einen Rundwanderweg geraten. Das ist ganz praktisch. Da stellt man die Autos ab, läuft zwei Stunden und kommt wieder zu den Autos zurück. Unsere Planung sah aber anderst aus.

Hätten wir nur einen Blick in die Wanderkarten geworfen, wäre uns das nicht passiert. Aber wir mussten ja Manfred hinterher rennen. Nun war guter

Rat teuer. Eine Busverbindung nach Soleur gab es nicht. In Deutschland fährt in jedes noch so kleine Kaff ein Bus. In diesem Teil Frankreichs ist der Esel oder das Pferd das einzige Verkehrsmittel. Anrufen ging auch nicht. In diesem gottverlassenen Ort gab es kein Netz. Also gab es nur eines, wir mussten erneut laufen. Diesmal schauten wir aber in die Karten, damit ein solches Missgeschick nicht nocheinmal passiert. Manfred wurde an den Schluss der Gruppe geschickt. Er durfte nicht mehr vorangehen. Das war für ihn eine Strafe, denn mit seinen langen Beinen und seinem gewohnten Marschtempo tat er sich da schwer. Während der ganzen Wanderung sprach er kein einziges Wort mehr mit uns.

Inzwischen warteten in Soleur Herbert und Ulrike im Gasthaus auf unsere Ankunft. Nachdem mehr als zwei Stunden vergangen waren, wurden sie unruhig und berieten sich. Hatten sich die anderen verlaufen und sollten sie nun zurück nach Mons fahren? Aber was dann? Dann sind sie in Mons und die anderen sind inzwischen in Soleur. Bis sie sich entscheiden konnten waren nun schon vier Stunden vergangen.

Unsere Wandergruppe war inzwischen weitere zwei Stunden unterwegs und schon sahen wir die ersten Häuser. Und dann sahen wir zwei Autos mit PF-Kennzeichen vor einem Gasthaus stehen. Ein Stein fiel uns vom Herzen.

Aber nun fingen die Probleme erst an. In Frankreich gibt es nur bis 13 Uhr Essen. Dann ist die Küche geschlossen und wird erst um 17 Uhr wieder geöffnet. Inzwischen war es aber nach 13 Uhr. Nach vier Stunden Wanderung hatten wir natürlich Durst und Kohldampf.

Die Wirtsleute waren Elsässer und im Gegensatz zu ihren Landsleuten keine Deutschenhasser. Sie machten uns noch ein Vesper mit Brot, Wurst, Käse, Tomaten und Gurken. Aber aus dem gemütlichen Beisammensein wurde nichts. Wir mussten schnell essen und trinken und dann war es auch schon Zeit für die Heimfahrt. Ein Gutes hatte die Wanderung doch noch. Ich hatte Bonita, eine hübsche junge Frau kennengelernt und verabredete mich mit ihr.

Bonita und Leberkäs

Nach einigen Tagen zog ich zu Bonita. Sie hatte einen Kater. Welche Überraschung. Ihr Kater war ein Perser und hieß Leberkäs. Komischer Name. Wir konnten uns auch von Anfang an nicht leiden. Ich meine Leberkäs und ich.

Einmal saß ich am Küchentisch und las die Zeitung. Da hörte ich ein jämmerliches miauen. Ich schaute aus dem Fenster und sah Leberkäs auf dem Garagendach. Er schaute mich direkt an und miaute aus Leibeskräften, als wenn er sagen wollte: Hilfe, Hilfe, ich sitze hier fest, hol mich runter. Ich ging zur Garage, schleppte die lange schwere Leiter über den Hof und stieg aufs Dach. Weit und breit keine Katze.

Am nächsten Tag saß ich wieder am Küchentisch und wieder hörte ich ein jämmerliches miauen. Tatsächlich, da saß Leberkäs wieder auf dem Dach und schaute mich an. Also nochmal zur Garage, Leiter hergeschleppt und aufs Dach gestiegen. Weit und breit keine Katze zu sehen. So langsam ging mir der Kater auf die Nerven.

Am nächsten Tag war ich wieder in der Küche. Plötzlich hörte ich wieder das Geschrei. Erst beachtete ich es nicht. Dann wurde es immer lauter. Ich schaute aus dem Fenster und wer saß auf dem Dach? Leberkäs.

Wieder schleppte ich die schwere Leiter zur Garage und kletterte aufs Dach. Plötzlich hörte ich von unten ein Miau. Dann schaute ich durchs Küchenfenster. Auf dem Küchentisch saß Leberkäs und schaute zu mir rüber. In diesem Moment überlegte ich mir: einmal werde ich es diesen Katzen heimzahlen.

Dann bekam ich auch noch Streit mit Bonita. Ich meckerte: *du hast ja schon wieder deine Zwillingsschwester zum essen eingeladen?* Ja, meinte sie, *hast du was dagegen? Ja,* sagte ich, *du weißt doch, dass ich diese hässliche Vogelscheuche nicht leiden kann.*

Den ganzen Tag sprach Bonita nicht mehr mit mir. Am Abend brachte sie mir ein Glas mit einem seltsamen Inhalt. Ich probierte und meinte: *ist das Kaffee oder Tee.* Bonita: *nach was schmeckt es denn? Nach Spülwasser,* sagte ich. Bonita: *dann ist es Tee.* Ich meckerte: *du kannst nicht mal einen richtigen Tee machen.* Sie sah mich an und meinte: *wenn ich deine Ehefrau wäre, hätte ich dir Gift in den Tee getan.* Ich entgegnete: *wenn ich dein Ehemann wäre, würde ich ihn sogar trinken.*

Dann nahm ich ein Blatt Papier und begann zu schreiben. *Was schreibst du da?* fragte sie. *Ich mache einen Todesliste,* sagte ich. Bonita: *wofür?* Ich schaute sie an: *ich bin sicher, dass ich eines Tages Amok laufe und dann brauche ich die Liste, damit ich keinen vergesse.* Bonita: *und wenn das Blatt voll ist? Dann fange ich ein zweites an,* meinte ich, *keine Angst, du stehst nicht auf der Liste. Noch nicht.* Das war das Ende unserer Beziehung.

Brunella und Ginger

Brunella lernte ich auf einem Treffen der Alternativen kennen. Brunella war gegen Alles. Aber sie war hübsch und ich war nicht abgeneigt.

Einmal lud Brunella meinen Kegelclub zum Essen ein. Wir waren sechs Männer und für einen würde sie sich wohl entscheiden müssen.

Bevor wir zu Brunella gingen, wollten wir erst herausfinden, was es zu essen gibt. Ich sagte: Brunella ist eine Alternative. Wir können also nicht mit einem normalen Essen rechnen.

Wir versuchten es zunächst mit dem Ausschlussverfahren. Schnitzel mit Salat? Gibt es nicht. Warmer Leberkäs? Gibt es nicht. Schlachtplatte? Gibt es nicht. Belegte Brötchen mit Schinken und Käse? Auf keinen Fall. Schwarzwälder Kirschtorte? Nein. Wenn es Kuchen gibt, dann Gemüsekuchen.

Ich versuchte es psychologisch zu lösen: *Brunella ist eine junge, alleinstehende Frau. Und was machen junge alleinstehende Frauen in einem solchen Fall? Nudelsalat. Eindeutig Nudelsalat.*

Nun, ich bin kein Freund von Nudelsalat, meinte ich, *aber zur Not würde ich den auch essen. Aber nicht vergessen, es ist Brunella. Sie hat den Salat sicher mit exotischen Gewürzen zubereitet. Er könnte also eigenartig schmecken. Vieleicht täusche ich mich auch. Vielleicht gibt es etwas anderes, etwas das noch scheußlicher schmeckt.*

Mit meinen Unkereien hatte ich die anderen vergrault. Nur noch Bruno und ich blieben übrig. Also besuchten wir zu zweit Brunella. Sie war sichtlich enttäuscht, aber dann doch froh, dass wenigstens wir beide gekommen waren.

Voller Stolz zeigte sie uns ihre Siam-Katze Ginger. Ginger war sehr neugierig und beobachtete uns genau.

Wir waren natürlich gespannt auf das Essen. Brunella stellte eine riesige Schüssel mit Nudelsalat auf den Tisch. Es sollte ja für sieben Personen reichen. Dann klatschte sie uns Portionen auf den Teller, die für eine ganze Familie gereicht hätten. Bruno machte einen Scherz: *kann man die kleinen schwarzen Käferchen mitessen. Das sind die Vitamine,* sagte ich zu Bruno. *Ach so*, meinte der.

Nach dem Essen hatte es Bruno plötzlich eilig und ließ mich allein mit Brunella zurück. Ich glaube, das war ihr sogar recht. Inzwischen war es spät geworden und Brunella bot mir an, über Nacht zu bleiben. Ich hörte mich nicht nein sagen und so kamen wir zusammen.

Am nächsten Tag war Altpapiersammlung. Ich half Brunella dabei, die alten Zeitungen und Prospekte in einen großen Karton zu werfen. Dabei achtete ich nicht auf Ginger. Sie war hinter meinem Rücken in den Karton gehüpft. Das Geraschel hatte sie neugierig gemacht. Nichtsahnend warf ich einen dicken Versandhauskatalog in den Karton. Den Schrei werde ich nie vergessen. Ginger sauste aus dem Karton heraus und sah mich die nächsten drei

Stunden nicht mehr an. Am nächsten Tag kaufte ich ihr ein Leckerli. Daran ist sie fast erstickt. Jetzt konnte sie mich nicht mehr leiden. Jedesmal wenn ich in ihre Nähe kam fauchte sie und machte einen Buckel. Das fiel auch Brunella auf, aber ich spielte den Ahnungslosen.

Am Abend hatte ich es mir mit einer Flasche Katzenbeisser gemütlich gemacht und ging, leicht angesäuselt ins Bett. Brunella kam ins Zimmer, setzte ihre Brille ab und legte ihre dritten Zähne auf den Nachttisch. Ich war schockiert, schaute aber zu, wie sie begann sich auszuziehen. Nun schnallte sie ihren Gummibusen ab und nahm die Perücke herunter. Dann schraubte sie ihr Holzbein ab und stellte es in die Ecke. Ich wollte schon aus dem Zimmer flüchten, da erwachte ich schweißgebadet. Gottseidank, alles war nur ein Traum. Aber vorsichtshalber würde ich mir gleich eine neue Freundin suchen.

Cara und Romadur

Beim einer Demo in der Fußgängerzone fiel mir Cara auf. Sie trug ein Schild das mit arabischen Schriftzeichen bemalt war. Ich fragte neugierig: *was steht denn auf deinem Schild?* Sie meinte: *ich weiß auch nicht genau. Entweder Asylanten, herzlich willkommen. Oder Asylanten verpisst euch, keiner vermisst euch. Toll*, meinte ich, *du trägst da an einer Kette ein Medaillon mit fremden Schriftzeichen. Ist das ein religiöses Symbol? Nein*, meinte sie, *das ist eine alte Hundemarke aus dem Kasachstan.* Aha, dachte ich, hübsch ist sie und Humor hat sie auch.

So lernten wir uns kennen und bald darauf durfte ich mit in ihre Hütte. Schon kam mir eine Katze entgegen. *Du hast aber einen süßen Mops,* meinte ich. *Das ist kein Mops,* sagte sie, *das ist Romadur mein Kater, der ist gegen eine Mauer gerannt.*

Ihre Hütte stand am Waldrand und auf der Wiese hinter dem Haus konnte sich ihr Kater Romadur austoben. Auf der Wiese tummelten sich auch die Katzen aus der Nachbarschaft und hier fanden sie alles. Mäuse, Ratten, Maulwürfe und sogar Kröten. Aber Romadur war eindeutig der Chef der ganzen Bande.

Einmal beobachtete ich ihn. Er saß vor einem Mauseloch und wartete geduldig auf sein Mittagessen. Es dauerte nicht lange und er erwischte tatsächlich eine Maus. Er wollte sie gerade verspeisen, als eine Krähe 1 Meter vor ihm landete. Romadur hopste halbherzig in ihre Richtung um sie zu verscheuchen. Die Krähe hüpfte etwas zurück und blieb gerade so aus seiner Reichweite. Dann hüpfte sie wieder auf ihn zu und gleich wieder zurück. Sie wollte ihn wohl von der Maus weglocken. Das wiederholte sich mehrmals bis sich Romadur 3 Meter von der Maus entfernt hatte. Da kam plötzlich eine zweite Krähe von hinten und stibitzte die Maus. Beide Krähen flogen auf das Hausdach und verspeisten dort die Maus. Romadur guckte ganz dumm in die Gegend und suchte die Maus. Er konnte einfach nicht glauben, dass die schwarzen Biester ihm seine Beute geklaut hatten. Danach war er so sauer, dass er sich den ganzen Tag nicht mehr auf der Wiese blicken ließ.

Mit Cara hatte ich einige schöne Tage bis sie anfing mich zu nerven. Einmal läutete das Telefon und ich ging ran. *Hier ist der Bruder von Cara, ist sie zu Hause? Ja, Moment, hier ist sie.* Ich gab ihr das Telefon: *dein Bruder möchte dich sprechen. Warum hast du nicht gesagt ich sei nicht da?*, flüsterte sie, *ich rede nicht gern mit ihm. Warum denn das?*, fragte ich. Cara: *er riecht aus dem Mund.*

Dann fiel mir auf, dass sie jeden Tag 2 Zitronen aß und ich fragte danach: *warum isst du eigentlich jeden Tag zwei Zitronen? Das reinigt den ganzen Körper*, meinte sie. *Na so etwas,* sagte ich, *ich muss dafür jeden Tag duschen.*

Dann geschah etwas, das unsere Beziehung auf einen Schlag beendete. Als ich mal wieder zu Cara wollte, lief mir der Nachbar über den Weg und meinte vorwurfsvoll: *wenn sie mal wieder mit ihrer*

Freundin intim werden, dann ziehen sie bitte die Vorhänge zu. Gestern Abend konnten wir alle zugucken. Sie sind ein Lügner, sagte ich, *gestern war ich gar nicht bei meiner Freundin.*

Obwohl ich dem Nachbarn nicht glaubte, beendete ich sofort die Beziehung.

Carina und Lulu

Ich war mal wieder mit dem Linienbus unterwegs. Der Bus war ziemlich voll. Hinter mir telefonierte ein Kerl mit seinem Handy und rief laut: *ich bin gerade im Bus.* Ich drehte mich um und sagte leise: *ich weiß, ich bin auch im Bus, wir alle sind im Bus.* Die junge Frau neben mir klatschte Beifall und die anderen Fahrgäste taten es ihr nach. Der Kerl hinter mir bekam eine knallrote Birne und stieg an der nächsten Haltestelle aus.

So kam ich mit der jungen Frau neben mir ins Gespräch. Sie hieß Carina. Ich lud sie zum Kaffee ein und sie sagte nicht nein.

So begann meine Zeit mit Carina. Natürlich hatte sie auch eine Katze, eine Ragdoll mit dem schönen Namen Lulu.

Mit Lulu stimmte etwas nicht. Andere Leute halten sich Katzen um das Haus Mäusefrei zu halten. Lulu hielt sich Mäuse als Haustiere. Beim Nachbar war ein Komposthaufen und dort fand sie fast täglich eine Maus und brachte sie mit, lebend natürlich. Statt sie zu töten und zu fressen ließ sie die Maus quietschfidel im Wohnzimmer herumlaufen. Dann beobachtete sie, was die Maus macht und wo sie sich versteckt. Dann ging sie hin und beschnuppert sie und trug sie sanft am Nackenfell stolz von einem Zimmer ins andere. Für die Maus war das schön, aber ich musste sie dann einfangen und draußen wieder aussetzen.

Am nächsten Tag brachte sie wieder eine Maus und das gleiche Spiel begann von vorn. Ich nahm ihr die Maus sofort ab und brachte sie hinaus. Lulu schaute mir nach, dann rannte sie zu Nachbars Komposthaufen und zwei Minuten später kam sie schon wieder mit einer Maus herein. Lulu hatte wohl im Komposthaufen ein ganzes Mäusedepot.

Als ich am nächsten Tag Carina wieder besuchte rannte eine Maus im Badezimmer herum. Lulu konnte es gar nicht erwarten, bis ich Schuhe und Jacke ausgezogen hatte und auf Mäusejagd ging.

So ging es Tag für Tag. Ich verbrachte mehr Zeit mit der Mäusejagd als mit Carina. Bald darauf wurde ich erlöst. Carina kam vom Optiker, sah mich an und meinte: *mit der neuen Brille siehst du aber scheußlich aus.* Ich protestierte: *ich habe doch gar keine neue Brille. Du nicht, aber ich*, meinte sie.

Ich verstand den Wink und verabschiedete mich. Soll sie doch in Zukunft die Mäuse selber fangen.

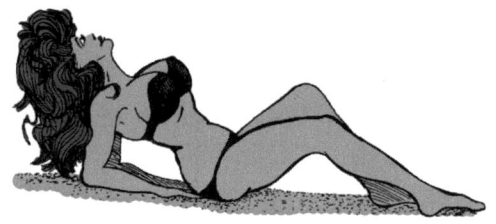

Claire und Shorty

Mein Mülleimer war mal wieder voll bis oben hin. Ich brachte ihn runter und stellte ihn auf den Gehweg. Dann sah ich die Straße rauf und runter, ich war der Einzige mit einem Mülleimer. Schliefen die anderen noch? Die hübsche Nachbarin hatte mich vom Garten aus beobachtet und rief: *die Müllabfuhr kommt heute nicht. Warum nicht,* rief ich zurück. *Weil heute Sonntag ist,* sagte sie lachend. So bekam ich den ersten Kontakt mit Claire, so hieß die Hübsche.

Neben ihr saß ein kleines Kätzchen. Das sah sonderbar aus. Es hatte lange, spitze Ohren und ein ganz kurzes seidiges Fell. Claire sah meine fragenden Blick und sagte: das ist Shorty, eine Sphynx-Katze. Claire lud mich auch gleich zum Frühstück ein und ich hörte mich nicht nein sagen.

Nach einigen Tagen verstanden wir uns so gut, dass ich bei Claire auch über Nacht blieb.

In der Nacht schüttete es wie aus Kübeln und Shorty konnte nicht raus. Ich hörte, wie sie in der Wohnung herumtobte und dachte mir nichts weiter dabei.

Am nächsten Morgen schaute ich nach Shorty. Sie saß vor dem Wäschekorb und schnüffelte. Da sah ich auch den Grund. Hinter dem Wäschekorb hatte sich eine Kröte versteckt. Sie lebte noch und sah ziemlich unversehrt aus. Ich habe zwar nichts gegen Frösche und Kröten, aber in der Wohnung mag ich sie trotzdem nicht. Außerdem musste ich sie auch noch einfangen. Mit Hilfe der Kehrschaufel schaffte ich die Kröte auf die Terrasse, wo sie mit einem Satz im Gras verschwand. Shorty machte sofort Jagd auf sie. Kaum saß ich am Frühstückstisch kam Shorty hereinspaziert, mit der Kröte im Maul. Dann ließ Shorty die Kröte einfach fallen. Jetzt war sie vom nassen Gras wieder erfrischt und nicht mehr so leicht zu fangen.

Putzmunter und ziemlich aufgeregt hüpfte sie in der Wohnung herum. Als ich sie endlich erwischte behielt ich sie in der Hand. Igitt war die glitschig, das war ja ekelhaft. Ich trug sie in den Garten und setzte sie ganz am anderen Ende ins Gras. Hier war sie sicher. Dann ging ich zurück und schimpfte mit Shorty. Der beachtete mich überhaupt nicht und stolzierte einfach davon. So ein Miststück.

In der Nacht träumte ich von Kröten. Von einer riesigen Krötenwanderung, durch den Garten und dass Shorty die Viecher schneller reinbringt, als ich sie wieder nach draußen setzen konnte. Am Morgen hatte ich wirklich erwartet, vor dem Bett eine ganze Krötenfamilie sitzen zu sehen.

Dann kam Claire zum Frühstück. In der Hand hielt sie ein kleines schwarzes Büchlein: *ich habe dein Notizbuch gefunden. Oh, schön, das suche ich schon die ganze Zeit,* sagte ich. *Warum*, fragte Claire, *steht da was wichtiges drin? Ja, meinte ich, alle Mädchen, die ich in meinem Leben vernascht habe und zwar alphabetisch.* Claire: *ich habe reingeschaut, da stehen nur Anna und Zenzi.*

Nachdem wir nun schon zwei Wochen zusammen waren, begann sie an mir herumzumeckern. *Was willst du denn noch*, sagte ich, *ich habe mir das Rauchen abgewöhnt, das Biertrinken und das Fremdgehen. Was soll ich mir denn noch abgewöhnen?* Claire: *das Lügen, mein Lieber, das Lügen.*

Es war mal wieder Zeit, Abschied zu nehmen. Beim hinausgehen gab ich Shorty noch einen Tritt. Das konnte ich mir nicht verkneifen.

Denise und Big Mike

Ich musste mal wieder zum Friseur. Diesmal ging ich in einen dieser neuen Friseurshops, wo junge hübsche Frauen die Haare schneiden. Sie hatten alle Namensschilder an ihrem Kittel. Ich wurde von Denise betreut.

Sie fing an zu schneiden und meinte: *du hast aber große Ohren. Ja,* sagte ich, *du kennst doch den Spruch: wie die Ohren des Mannes, so ist auch sein Johannes.* Denise lachte und meinte: *ich habe gehört, wenn Männer älter werden, werden ihre Ohren immer größer. Nach deinen Ohren müsstest du eigentlich schon 80 sein.* Ich protestierte: *wenn das stimmt, was du da gehört hast, dann sind meine Ohren, wenn ich mal Hundert Jahre alt bin, so groß wie Rhabarberblätter. Vielleicht kann ich sogar damit fliegen, wie Jumbo, der Elefant.* Sie musste so lachen, dass sie mir die ganze Frisur verschnitt. *Das tut mir aber leid,* entschuldigte sie sich, *was machen wir jetzt?* Großzügig sagte ich: *nimm die Maschine, stelle 4 mm ein und haue alles runter.* Nach 5 Minuten war sie fertig und es sah nicht mal schlecht aus. Sie bat mich, dem Geschäftsführer nichts zu erzählen. Als Entschädigung für das Missgeschick und für mein Schweigen lud sie mich für den Abend zu sich nach Hause ein. Der Tag fing ja gut an.

Am Abend empfing sie mich in ihrer Wohnung. Ohne ihren Frisierkittel sah sie noch attraktiver aus. Natürlich hatte sie auch einen Kater. Big Mike war ein wuscheliger Balinese mit weißem Fell und schwarzem Gesicht. Und er betrachtete mich auch gleich als Eindringling in sein Revier. Freunde würden wir nicht werden.

Big Mike hatte eine Vorliebe für Regenwürmer. Hinter dem Haus war ein Rasen und durch den Regen in den letzten Tagen, gab es überall Regenwürmer.

Wir saßen gerade beim Abendessen, da kam Big Mike durch die Katzenklappe gerast und hatte in der Schnauze einen dicken, fetten, langen Regenwurm. Er ließ ihn auf den Küchenboden fallen und raste wieder hinaus. Kurz danach hörten wir wieder die Katzenklappe und Big Mike brachte seinen zweiten Wurm in die Küche. Mit einem Stück Toilettenpapier packte ich beide Würmer und versenkte sie im Mülleimer.

Bald darauf hörte ich wieder die Katzenklappe und ging in den Flur. Auf dem Boden lag der dritte Wurm. Big Mike war schon wieder draußen. Auch den dritten Wurm entsorgte ich. Inzwischen hatte ich darin schon Übung. Den Rest des Tages verschonte mich Big Mike.

Am Abend gingen wir früh ins Bett. Plötzlich hörte ich wieder die Katzenklappe. Big Mike sauste in vollem Galopp ins Schlafzimmer und legte den Wurm auf den Bettvorleger. Das war der größte Wurm, den ich bisher gesehen hatte. Nachdem ich ihn entsorgt hatte, ging ich wieder ins Bett. Ich hatte heute Nacht noch etwas anderes vor, als Regenwürmer zu entsorgen. Tatsächlich ließ uns Big Mike nun in Ruhe. Er war doch kein schlechter Kerl.

Irgendwann in der Nacht, so gegen 2 oder 3 Uhr musste ich auf die Toilette. Ich ging leise, damit Denise nicht aufwachte und machte im Bad auch kein Licht. Das war ein Fehler. Ich trat in der Dunkelheit auf etwas glitschiges und schrie laut auf. Davon wachte Denise auf und machte Licht. Ich war auf Wurm Nummer Fünf getreten und verfluchte Big Mike.

In den nächsten Tagen musste ich immer wieder Regenwürmer entsorgen. Dann ließ es plötzlich nach. Entweder er fand keine mehr oder er hatte sich was neues ausgedacht. Als ich morgens in die Küche kam hüpfte ein Frosch in der Gegend herum und Big Mike lag auf seinem fetten Bauch und beobachtete ihn. Ich glaube, der Kater grinste mich sogar an.

Am Sonntag Morgen um 5 Uhr weckte mich Denise. Sie wollte mit mir Joggen gehen. Ich wusste gar nicht, dass sie plötzlich eine Fitnessfanatikerin geworden war. Als ich keuchend neben ihr her rannte rief sie: *so früh am Morgen ist die beste Zeit zum Joggen. Ja,* sagte ich, *im Magen ist noch nichts, das man rauskotzen könnte.* Dann schleppte sie mich auch noch ins Fitness-Studio. Vor dem Training an den Geräten stellte ich mich auf die Waage. Dann ging es los. Nach 30 Minuten war ich fix und fertig. Im Umkleideraum stand ebenfalls eine Waage. Ich stellte mich drauf und staunte, ich hatte tatsächlich 4 Pfund abgenommen. Zu Hause wog ich mich nochmal, weil ich ein misstrauischer Mensch bin. Nun waren die 4 Pfund wieder drauf. Diese Gangster im Fitness-Studio hatten die Waage so eingestellt, dass sie 4 Pfund weniger anzeigte.

Mit Denise lief alles so gut. Da passierte mir ein Missgeschick. Ich wachte morgens auf und sagte: *das war eine tolle Nacht Claudia, aber ich muss jetzt dringend weg, sonst komme ich zu spät zur Arbeit.* Sie war plötzlich hellwach und schrie: *heute ist Sonntag und mein Name ist Denise.* Dann warf sie mich kurzerhand raus.

Ich packte meine wenigen Sachen zusammen und dachte: der Trick funktioniert immer noch.

Elvira und Lady

Elvira lernte ich in einem 1 Euro Shop kennen. Ich brauchte dringend schwarze Socken. Sie reichte mir 10 Paar gebündelt für 1 Euro und meinte: *die brauchst du nicht zu waschen. Die kannst du eine Woche tragen, dann wirfst du sie einfach weg.* Das war ja fantastisch.

Ich vertraute ihr und zog am nächsten Tag das erste Paar an. An diesem Tag musste ich zum Internisten. Der wollte meine Füße untersuchen, wegen Neuropathie oder so was ähnliches. Ich zog die Socken aus und sah entsetzt meine Füße an. Zwischen den Zehen klebten lauter kleine schwarze Würstchen. Der Arzt sah mich vorwurfsvoll an und meinte: *vor dem Arztbesuch hätten sie aber wenigstens ihre Füße waschen können.* Und das mir! Wo ich jeden Monat meine Füße wasche, auch wenn es gar nicht nötig ist.

Nun hatte ich vor Wochen einen Organspenderausweis beantragt und Bescheid bekommen, dass mein Antrag abgelehnt wurde. Dafür hatte mich die Krankenkasse an eine Fabrik für Hundefutter verwiesen. Nachdem ich heftig protestierte, schickten sie mir doch noch den Ausweis.

Nun habe ich für den Ernstfall vorgesorgt und einen Zettel an den Organspenderausweis geheftet. Darauf steht: *ihr könnt mir alles entnehmen, Herz, Leber, Lunge, Nieren usw., aber bitte, zieht mir nicht die Socken aus.* Damit war ich auf der sicheren Seite.

Ich ging wieder in den Shop und erzählte Elvira von meinem Missgeschick. Sie fand das auch noch lustig und ließ sich von mir zu einem Kaffee einladen. Dabei lernten wir uns näher kennen. Nach einem Tag Wartezeit, durfte ich mit in ihre Wohnung.

Heute ist das viel einfacher. Früher hätte ich dazu erstmal 3 Monate mit ihr ausgehen müssen.

Elvira hatte eine Tiffanie-Katze mit dem Namen Lady. Lady hatte einen besonderen Tick. Wenn ich zur Toilette ging stand sie schon bereit und wartete darauf, dass ich spüle. Dann stellte sie die Vorderpfoten auf den Rand und schaute sich den wirbelnden Strudel des ablaufenden Wassers an.

Wenn ich unter Dusche stehe und der Duschvorhang ist nur einen kleinen Spalt offen, sitzt Lady davor und schaut mir ganz aufmerksam zu.

Am Wochenende nahm ich ein Bad. Lady hatte es bemerkt und flitzte sofort herbei. Sie spazierte auf dem Badewannenrand herum, der ziemlich glitschig war. Plötzlich rutschte sie aus und fiel in die Wanne. Sie haute vor Schreck ihre Krallen in meine Beine, kletterte daran hoch und raste aus dem Bad hinaus. Zum Glück hatte sie kein edles Teil erwischt.

Ich raus aus der Wanne und mit einem Handtuch hinterher. Elvira stand in der Diele und sah eine nasse Katze durch die Wohnung rennen und einen nackten Mann mit einem Handtuch hinterher. Das war ein Bild für Götter und Elvira schüttelte nur noch den Kopf.

Am Abend machte sie mir Vorwürfe: *du hättest dir alle Knochen brechen können. Beruhige dich,* meinte ich, *ich habe mich gestern gegen Unfall versichern lassen. Wenn ich mir eine Hand breche, bekomme ich 5000 Euro. Wenn ich mir eine Bein breche bekomme ich sogar 10.000 Euro. Und wenn du dir das Genick brichst?,* fragte sie. *Dann bin ich ein gemachter Mann,* antwortete ich.

Nachdem wir einige Tage zusammen waren wurde es langweilig und ich suchte nach einem Grund, um mich von ihr zu trennen. Das kam schneller als ich dachte. Als Elvira vorzeitig, schon am Vormittag, von der Arbeit zurückkam erwischte sie mich mit der Nachbarin im Bett. Wir hatten beide Sektgläser in der Hand. Elvira zeterte: *es ist wirklich schlimm mit dir, kaum lässt man dich allein, fängst du schon an zu saufen.* Dann erst sah sie die Nachbarin und warf uns beide hochkant hinaus.

Für mich war das nicht weiter schlimm, ich zog sofort bei der Nachbarin ein.

Elfie und Bandit

Die Nachbarin hieß Elfie und sie hatte, na was wohl, eine Katze. Ein deutscher Langhaarkater mit dem Namen Bandit.

Bandit hatte ein ganz besondere Macke. Wenn er im Bad ein Stückchen Seife fand, setzte er sich auf den Rand der Badewanne und wartete geduldig, bis jemand ins Bad kam, auf der Seife ausrutschte und sich lang hinlegte. Natürlich passierte das mir. Ich hatte den Mistkerl gleich im Verdacht, dass er das Stückchen Seife extra da hingeschleppt hatte.

Nach einigen Tagen entdeckte ich bei Bandit noch eine andere Fähigkeit. Man sagt ja, dass Tiere bevorstehende Unwetter oder Katastrophen schon früh wahrnehmen. Erdbebenforscher haben neben ihren Präzisionsgeräten auch Katzen und geben auch zu, dass Katzen sensibler sind und ein kleines Erdbeben gespürt haben, das die Geräte überhaupt nicht registriert hatten.

Bandit war solch eine sensible Katze. Einmal war er nicht mehr auffindbar, er hatte sich im Kleiderschrank verkrochen. Und dann kam ein Gewitter von der übelsten Sorte.

Mit Elfie kam ich gut zurecht, nur bei dem Essen gab es manchmal Probleme. Einmal fragte ich: *was gibt es heute zu essen? Keine Ahnung,* meinte sie, *auf der Dose war kein Etikett.* Ein anderes Mal saß ich am Tisch und wartete auf das Essen. Als es mir zu lang dauerte rief ich in die Küche: *wenn nicht umgehend das Essen fertig ist, gehe ich ins*

Restaurant. Elfie rief zurück: *warte noch 10 Minuten. Kann ich dann essen?,* rief ich zurück. Elfie: *nein, dann komme ich mit.*

Am nächsten Tag fragte ich: *was gibt's heute? Pasta,* meinte sie und In der Hand hielt sie einen Beutel mit Nudeln. Ich sagte: *früher hieß das Drecksnudeln, dann haben die das überklebt und Pasta draufgeschrieben. Das ändert aber nichts daran, es sind immer noch Drecksnudeln.* Elfie ließ sich nicht aus der Ruhe bringen und fragte: *willst du deine Nudeln Al Dente?* Ich protestierte: *was soll denn der Schwachsinn, heute muss alles Al Dente sein. Ich weiß ja nicht mal was das bedeutet, wahrscheinlich dass man es mit den Zähnen beißen kann.* Elfie hörte sich mein Gemecker nicht länger an und ging in die Küche. Nach einer halben Stunde knallte sie mir einen Teller auf den Tisch und meinte: *hier hast du deine Drecksnudeln und nach dem Essen ziehst du aus.* Das hatte ich nun von meiner Pasta. Basta.

Fanny und Madonna

Eines Tages sah ich in der Fußgängerzone ein junge Frau Geige spielen. Nun es klang nicht wie Andre Rieu, aber es war auch nicht schlecht. Ich blieb stehen und schaute ihr zu. Ihre Klamotten sahen aus, als wären sie von einer Vogelscheuche geklaut worden. Aus Mitleid warf ich einige Euromünzen in ihren offenen Geigenkasten. Sie hörte auf zu spielen und schaute mich mit ihren großen Augen an: *du bist der Erste, der mir keine Cent oder Hosenknöpfe spendet. Vielen Dank.* Ich sah nur ihre schönen Augen und vergaß ihre Klamotten. Sie war ziemlich mager und ich lud sie zum Essen bei MacDonald ein.

Nach dem Essen nahm sie mich mit nach Hause. Sie hatte eine hübsche kleine Wohnung. Das hätte ich ihr nicht zugetraut. Allerdings hatte sie auch eine weiße Chinchilla-Katze, Madonna.

Dann musste ich sie doch auf ihre Kleidung ansprechen. Sie lachte und meinte: *ich kleide mich immer so ärmlich, wenn ich öffentlich Geige spiele. Manchmal hilft das und ich bekomme mehr gespendet.* Aha, dachte ich, dumm ist sie nicht.

Nun, ich blieb einfach bei ihr und wir hatten schöne Tage. Mit Madonna verstand ich mich auch, bis ich ihr eines Tages eine Tablette zum entwurmen geben musste. Das war ein Riesenproblem.

Zuerst mischte ich die Tablette einfach unter das Trockenfutter. Darauf fiel sie nicht herein. Sie fraß alles aus ihrem Napf und ließ nur die Tablette übrig.

Dann nahm ich Madonna auf den Arm, hielt mit einer Hand ihren Kopf, öffnete ihr Maul und ließ die Tablette hineinfallen. Anschließend sammelte ich die Tablette auf dem Boden und Madonna hinter dem Sofa wieder ein.

Ich versuchte es nochmal, warf anschließend die matschige Tablette weg und holte Madonna aus dem Schlafzimmer.

So ging es also nicht. Ich wickelte Madonna in ein Handtuch, dass nur der Kopf herausschaute, steckte die Tablette in einen Strohhalm, öffnete ihr Maul und blies die Tablette kräftig hinein. Anschließend sah ich im Beipackzettel nach, ob die Tabletten für Menschen schädlich sind und trank ein Glas Wasser, um den bitteren Geschmack aus dem Mund zu bekommen.

Dann verarztete ich meine Unterarm und wusch das Blut mit kaltem Wasser und Seife aus dem Teppich.

Ich versuchte noch einige andere bewährte Methoden, aber alle versagten. Inzwischen war nur noch 1 Tablette übrig. Der letzte Versuch musste klappen, sonst würde ich ins Tierheim gehen und die Katze gegen einen Hamster tauschen.

Ich zerrieb die Tablette zu Pulver, dann nahm ich ein Stück Leberwurst und mischte das Pulver darunter. Ich holte Madonna vom Schrank herunter und schmierte ihre Pfoten mit der Leberwurst ganz dick ein. Madonna setzte sich hin und begann ihre Pfoten abzulecken. Na also, warum bin ich nicht gleich darauf gekommen.

Aber zurück zu Fanny. In unserer ersten Nacht sagte sie: *so was habe ich noch nie gemacht.* Dann zeigte sie mir genau, wie's richtig geht. Mann oh Mann, habe ich mich in der getäuscht.

Unser Glück wurde jäh zerstört, als ich mal in die Bahnhofstoilette musste. An der Wand fand ich Fannys Namen und ihre Telefonnummer und das auch noch in ihrer Handschrift. Nun wusste ich, es war Zeit Schluss zu machen.

Fiona und Blacky

Mit einigen Bekannten saß ich Samstag Abend im Stammlokal. Nach dem Essen wandte sich Maria zu Horst und seiner Frau und sagte: *kommt doch morgen Abend zu uns.* Horst stimmte zu. Dann wandte sie sich an Herbert und seine Frau: *kommt ihr auch morgen Abend zu uns?* Herbert stimmte ebenfalls zu. Dann war großes Schweigen. Schließlich meinte Horst: *und was ist mit Eddy und Fiona?* Maria sah uns kurz an und meinte: *wenn ihr wollt, könnt ihr auch kommen.*

Danach standen alle auf und gingen. Ich blieb mit Fiona noch sitzen und sagte zu ihr: *also, das war doch eine seltsame Einladung, da kann man nicht widerstehen, trotzdem werde ich nicht hingehen.* Fiona nickte zustimmend mit dem Kopf und meinte: *du hast recht, komm doch einfach Morgen Abend zu mir, dann machen wir uns einen schönen Abend. Die anderen brauchen wir dazu nicht.* So kamen wir beide zusammen.

Als ich am nächsten Abend zu Fiona kam stand vor mir plötzlich eine schwarze Katze. Fiona sagte: das ist Blacky, mein Bombay-Kater. *Hallo Blacky,* sagte ich und ging an ihm vorbei. Inzwischen war mein Verhältnis zu Katzen empfindlich gestört. Gibt es eigentlich noch junge Frauen, die keine Katze haben?

Mit Fiona verstand ich mich auf Anhieb aber mit Blacky hatte ich so meine Probleme. Er hatte gleich mehrere Macken.

So begleitete er mich immer auf die Toilette und schaute zu, ob ich auch alles richtig mache.

Dann schob er alles was er fand einfach unter den Teppich. Er freute sich riesig, wenn ich über den Teppich ging und etwas zerkrachte.

Wenn er etwas hochwürgte, was öfter vorkam, rannte er schnell zum Teppich um es darauf zu spucken. Das war keine Katze, das war ein Ungeheuer.

Fiona machte einige Andeutungen. Ich brauchte trotzdem einige Tage, bis ich herausfand, dass sie am Sonntag Geburtstag hatte. Also, was könnte ich ihr schenken?

Ich ging in den Geschenkshop und entschied mich für ein teures Parfüm. Die Verkäuferin fragte mich: *soll ich es in Geschenkpapier einwickeln?* Genervt antwortete ich: *nein, in Toilettenpapier.* Nach einer Stunde bereute ich schon, dass ich so viel Geld ausgegeben hatte und wollte das Geschenk zurückgeben. Die Verkäuferin tat so, als hätte sie mich noch nie gesehen und fragte patzig: *sind sie sicher, dass sie das hier gekauft haben?* Ich antwortete: *wer hat denn sonst noch solchen Kram.* Schließlich nahm sie es doch zurück und gab mir mein Geld wieder.

Nun ging ich in einen Modeshop und kaufte einen Minirock. Das Geschenk legte ich verpackt in den Schrank.

Am Sonntag packte Fiona voller Freude ihr Geschenk aus und jubelte: *eine Handtasche, wie schön, du hast wirklich Geschmack. Moment mal,* sagte ich, *ich habe doch einen Minirock gekauft?* Fiona lachte und meinte: *den habe ich im Schrank entdeckt und gleich umgetauscht.*

Leute hier ein Tip: es ist völlig egal, was man der Frau oder Freundin schenkt. Es wird sowieso umgetauscht.

Eines Tages, ich saß gerade im Wohnzimmer, kam Fiona ganz aufgeregt herein und rief: *stell dir vor, Blacky hat alle meine selbstgebackenen Plätzchen gefressen. Mach dir nichts draus,* meinte ich, *ich besorge dir eine neue Katze.*

Das hätte ich nicht sagen sollen. Es stellte sich heraus, dass sie Blacky mehr liebte als mich. Noch am selben Tag zog ich wieder aus.

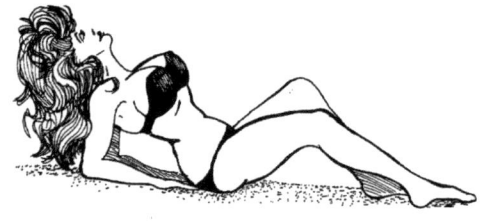

Gaby und Oskar

Diesmal versuchte ich über das Internet eine neue Freundin zu finden. Wenn man so die Profile las konnte man meinen, man hätte es nur mit Schönheitsköniginnen zu tun.

Ich hatte bei meinem Profil nicht übertrieben. Gut, ich gab an, ich hätte Ähnlichkeit mit Mel Gibson. Aber sonst blieb ich bei Tatsachen.

Wir trafen uns in einem Cafe in der Innenstadt. Als Gaby hereinkam war ich überrascht, sie war tatsächlich jung und hübsch und schlank. Bei diesen drei Punkten wird am meisten gelogen.

Sie kam an den Tisch und war noch nicht einmal enttäuscht. Vielleicht hatte sie Schlimmeres erwartet. Nachdem wir uns eine Stunde unterhalten hatten meinte sie: *du hast nicht gelogen, du hast tatsächlich Ähnlichkeit mit Mel Gibson. Du hast alles was er auch hat, außer Talent, Geld und gutem Aussehen. Aber unter all denen, die ich über das Internet kennengelernt habe, bist du noch der Beste.* So kamen wir zusammen.

Natürlich hatte auch Gaby einen Kater, Oskar. Oskar lag Tagsüber faul auf dem Sofa und ließ sich bedienen. Ich weiß ja, dass Katzen nachtaktiv sind, aber auf Oskar trifft das nicht zu. Am liebsten sah er Sendungen im Fernsehen.

Wenn ein Tierfilm kam, lag er auf der Rückenlehne meines Sessels und ließ alle Pfoten nach unten hängen. Aber wehe, es kamen Vögel ins Bild, dann stellten sich seine Haare auf und die

Augen wurden zu einem Schlitz. Dann sprang er über meine Schulter, wobei er sich bei mir abstützte und raste auf den Fernseher zu. Meine linke Schulter ist schon völlig zerkratzt von dem Mistvieh.

Außerdem hatte er noch eine andere Vorliebe. Den Wäschekorb. Wenn im Korb Schmutzwäsche war, interessierte ihn das nicht. War der Korb aber voller sauberer Wäsche, die gerade aus dem Trockner kam, dann sprang er mit einem Satz in den Wäschekorb und ließ sich darin nieder. Da war es schön warm und so schnell räumte er den Platz nicht mehr.

Wenn Gaby die frisch gewaschenen Handtücher zusammenlegte, zeigte ihr Oskar, wie man es richtig macht und zog die Handtücher durch die ganze Wohnung.

Auch beim Bettenmachen half er indem er die Bettwäsche angriff und durch beißen gefügig machte.

Die Macken von Oskar hatte ich noch toleriert, ich war ja einiges gewohnt. Aber als Gaby meinte: *du kannst dich ruhig auch mal an der Hausarbeit beteiligen,* wurde es ernst. Gaby: *fang doch gleich mal mit Geschirrspülen an.* Ich dachte: wehret den Anfängen und ließ gleich die erste Tasse fallen. Sie zerbrach natürlich. Schon wurde ich vom abspülen und abtrocknen freigestellt. Aber Gaby gab nicht so schnell auf: *nimm den Besen und fege den Hof.*

Ich ging runter und Gaby kam hinterher. Sie wollte mich wohl kontrollieren. Ich stellte mich so ungeschickt an, dass schon beim ersten Versuch der Besenstiel zerbrach. Nun fegte sie wieder selbst.

Dabei überlegte sie krampfhaft, was sie mir aufhalsen konnte. Sie kam zurück in die Wohnung und sagte: *ich muss einkaufen gehen. Du kannst ja solange den Fußboden nass aufwischen.* Und schon war sie fort.

Ich ging zum Kühlschrank, wickelte die Butter aus und nahm das Papier. Dann schmierte ich den Boden ein, öffnete die Tür und wartete. Innerhalb von wenigen Minuten waren alle streunenden Katzen aus der Nachbarschaft in der Wohnung und schleckten den Boden sauber. Als Gaby zurückkam, fielen ihr fast die Augen aus dem Kopf. Alles war blitzblank.

Von meinem Erfolg angespornt, versuchte ich dasselbe mit meinem Auto. Die Idee war nicht so gut. Hinterher war das Auto zwar sauber, aber die Katzen hatten den ganzen Lack zerkratzt.

Eines Tages wurde Oskar krank. Gaby schickte mich in die Apotheke, um eine Medizin zu holen. Ich betrat die Apotheke und sagte zum Apotheker: *meine Katze ist krank, haben sie vielleicht eine Medizin für sie?* Der Apotheker war schlecht gelaunt und deutete auf das große Regal mit Tausenden Medikamenten: *nehmen sie irgendwas, ist doch alles für die Katz.*

Noch am selben Tag fing Gaby an zu stänkern: *mit dem Bart siehst du hässlich aus. Du solltest ihn abrasieren. Entschuldige mal,* sagte ich, *den trage ich schon seit 20 Jahren. So was rasiert man doch nicht einfach ab. Übrigens, wie lange hast du deinen schon?*

Das hätte ich nicht sagen sollen. Gaby hetzte Oskar auf mich und ich erreichte mit Mühe und Not die Wohnungstür. Schade, eigentlich war es doch ganz nett mit den Beiden.

Hannah und Pfötchen

Heute ließ ich mir eine Darmspiegelung machen. Nach der leichten Narkose wachte ich im Aufwachraum neben einer hübschen jungen Frau auf und begann sofort mit ihr ein Gespräch. Die Unterhaltung war ganz nett und ich lud Hannah, so hieß die Kleine, ins Café ein. Der Tag fing gut an. Allerdings hatte der Arzt vergessen, mich über die Nebenwirkungen der Darmspiegelung zu informieren. Ich musste eine Stunde lang furzen. Hannah ging es aber ebenso, deshalb verschoben wir unser Date auf den nächsten Tag.

In dieser Woche trafen wir uns noch einige Mal und schließlich lud Hannah mich in ihre Wohnung ein. Allerdings lebte sie nicht allein. Ihre Mitbewohnerin war eine Somali-Katze mit dem Namen Pfötchen.

Pfötchen war süchtig nach Fernsehen. Wenn Fußball kam holte sie ihren kleinen Plastikball und spielte mit. War das Fußballspiel fertig, ließ sie den Ball in der Ecke liegen. Jetzt interessierte er sie nicht mehr. Einmal schauten wir eine Tiersendung an. Pfötchen schaute mit großen Augen zu. Dann ging sie hinter den TV-Kasten und schaute dort nach. Dann sprang sie auf den TV-Schrank und schaute hinter das Gerät.

Unten am Schrank waren zwei Klapptüren. Nun setzte sich Pfötchen davor und maunzte. Ich öffnete die Klapptüren und Pfötchen spazierte rein, kam aber sofort wieder raus und sah mich fragend an. Das sah so komisch aus, dass ich laut lachen musste. Nun war Pfötchen beleidigt und ging einfach davon. Seitdem schaute sie mich nicht mehr an.

Dann kam ich nach einem ausgedehnten Herrenabend nach Hause und fand den Lichtschalter nicht. *Hannah, Liebling,* sagte ich, *nun fang schon an zu schimpfen, sonst finde ich das Bett nicht.*

Am nächsten Tag meldete sich Hannah bei einem Karate-Kurs an. Als sie nach der ersten Stunde nach Hause kam fragte ich: *und, was lernt ihr denn so bei dem Kurs.* Hannah: *wir zerschlagen Ziegelsteine mit der Handkante. Wofür ist das denn gut?,* fragte ich. Hannah: *da kann ich mich wehren, wenn ich mal überfallen werde.* Ich musste lachen: *aha, bist du schon mal von einem Ziegelstein überfallen worden?* Beleidigt verließ sie den Raum.

Hannah besuchte regelmäßig den Karate-Kurs. Als ich ihr einmal die Hand drückte zerquetschte sie mir fast die Finger. Hoppla, dachte ich, so langsam wird es gefährlich. Es war höchste Zeit, die Beziehung abzubrechen.

Holly und Tiffany

Lange blieb ich nicht allein. Ich musste dringend meine Wäsche waschen und ging in den Waschsalon. Nachdem ich die Maschine gefüttert hatte, setzte ich mich davor und beobachtete, wie meine Unterhosen und Socken herumgewirbelt wurden.

Neben mir wartete eine Frau auf ihre hinter der Scheibe tanzende Spitzenwäsche. Ich fragte sie: *würden sie mit mir den Platz tauschen? Sie haben das bessere Programm.* So kamen wir ins Gespräch.

Holly, so hieß die Dame, erzählte mir, dass sie beim Theater arbeitete. *Du bist Schauspielerin?*, fragte ich. Holly: *nein, ich verteile dort die Rollen. Das ist sicher eine verantwortungsvolle Aufgabe,* sagte ich. Holly: *ach, nee, auf jede Toilette kommt doch nur eine Rolle.*

Als unsere Wäsche fertig war meinte sie: *komm doch mit zu mir, ich kann deine Wäsche mitbügeln. So viel hast du ja nicht.* Ich hörte mich nicht nein sagen und so kam ich in Holly's Wohnung und lernte auch gleich Tiffany, ihre Katze kennen.

Tiffany hatte eine besondere Macke. Sie trug ihre Spielmaus zu ihrem Wassernapf und warf sie hinein. Dann brachte sie die Maus zum Spielen zu mir. Dann fing sie an, alles was sie fand in ihren Wassernapf zu legen und zu waschen. Wenn ich das Zeug herausholte tat sie es gleich wieder hinein. Dann hatte sie einen neuen Trick. Sie holte die klitschnassen Spielsachen in der Nacht aus dem Napf und versteckte sie in meinen Schuhen.

Wenn ich morgens meine Schuhe anziehen wollte, hatte ich die Bescherung. Komisch, Holly's Schuhe ließ sie unberührt. Ich glaube, Katzen können mich nicht leiden.

Mit Holly ging alles ganz gut, bis ich einmal nachts nicht nach Hause kam. Am Morgen erzählte ich ihr: *es ist spät geworden, da habe ich bei einem Kumpel übernachtet.* Wortlos ging sie zur Arbeit. Am Nachmittag kam sie zurück und stellte mich zur Rede: *ich habe 10 deiner Freunde angerufen. Fünf haben bestätigt, dass du bei ihnen übernachtet hast und drei behaupten, dass du immer noch bei ihnen bist. Du bist ein verdammter Lügner.*

Das war mein Stichwort, es war Zeit Abschied zu nehmen.

Judy und Twiggy

Die neueste Art, eine Frau kennenzulernen ist Speed-Dating. Man trifft sich ein einem Saal mit vielen kleinen Tischchen. Dann hat man 10 Minuten Zeit, mit einer Frau zu reden. Nach 10 Minuten verlässt die Frau den Tisch und die nächste kommt herbei. Das geht so lange, bis alle mal eine Runde gemacht hatten.

Die erste Kandidatin hatte schon nach 5 Minuten genug und meinte: *ihre Antworten stellen mich nicht zufrieden.* Ich fragte: *wann haben sie die Entscheidung getroffen? Als sie Guten Tag sagten,* meinte sie und stand auf. Dann kam die nächste Kandidatin. Die hörte mir überhaupt nicht zu und war nur mit ihrem Handy beschäftigt. Mit Judy, Kandidatin Nummer drei verstand ich mich auf Anhieb und wir verabredeten uns, zum Abendessen, bei ihr.

Judy hatte auch eine Katze. Eine schöne grau-weiße Singapura. Ihr Name war Twiggy, aber so schlank war sie doch nicht. Ich versuchte mich mit Twiggy anzufreunden, aber die Dame war hochnäsig.

Nach dem Abendessen wollte Judy unbedingt in das Theater. Ich bin zwar kein Theaterfreund, lies mich aber mitschleppen.

Das Stück war ziemlich langweilig und ich drohte einzuschlafen. Plötzlich rief ein Schauspieler ins Publikum: *ein Pferd, ein Königreich für ein Pferd.* Ich schreckte auf und rief zurück: *würde es ein Esel nicht auch tun? Sicher*, rief der Schauspieler, *kommen sie doch auf die Bühne.* Das Publikum brach in Gelächter aus und Judy versteckte sich in ihrem Sessel. Ich glaube, es war ihr peinlich. Auf dem Heimweg war sie sehr schweigsam, aber sie schickte mich nicht weg. Als wir ins Schlafzimmer gingen, fiel mir etwas hinunter. Ich bückte mich und sah unter das Bett.

Judy, sagte ich, *unter dem Bett ist alles voller Staub. Na und*, meinte sie, *willst du vielleicht unter dem Bett schlafen?*

Ich blieb einige Tage bei Judy. Eines Morgens ging ich in die Dusche, da sah ich gerade noch, wie Twiggy in den Abfluss der Dusche strullerte. Von wem sie das wohl abgeschaut hatte?

Ich ging aus dem Haus und stieg ins Auto. Als ich losfuhr, rammte ich die Nachbarskatze. Die musste unter meinem Auto gelegen haben. Ich nahm das verletzte Tier ins Auto und wollte gleich zum Tierarzt fahren. Da hörte ich ein dumpfes Geräusch. Ich hatte Twiggy nicht gesehen, die mir nachgelaufen war. Ergebnis, die Nachbarskatze hatte überlebt, Twiggy nicht. So schnell war noch keine Beziehung beendet.

Laetitia und Muffin

Ich brauchte dringend neue Unterwäsche und fuhr ins Kaufhaus. Die bildhübsche Verkäuferin fragte mich höflich: *was darf's denn sein?* Ich stotterte: *ich brauche dringend neue Unterhosen, meine alten sind so abgetragen, in denen kann ich mich nirgends mehr sehen lassen. Könnte ich mal ihre Unterwäsche ansehen? Aber, aber,* meinte sie, *doch nicht hier vor allen Leuten.* Bevor ich das Missverständnis aufklären konnte meinte sie augenzwinkernd: *komm doch heute Abend bei mir vorbei.* Dann gab sie mir ihre Adresse. Erst dachte ich, die hat mir sicher eine falsche Adresse gegeben, dann ging ich trotzdem hin. So lernte ich Laetitia und Muffin kennen.

Muffin war ihr Kater. Er hatte ein schönes weißes Fell, ein graues Gesicht und graue Ohren. Ich wollte ihn streicheln und er haute mit der Pfote nach mir. Freunde würden wir nicht werden, das war sicher.

In der Nacht wurde es kalt und Laetitia bat mich, den Heizlüfter ins Bad zu stellen. Ich stellte ihn genau vor das Katzenklo von Muffin. Vor diesem Monster hatte Muffin furchtbare Angst. Am Abend sahen wir noch ein wenig fern. Dann wollten wir zu Bett gehen und erlebten eine Überraschung. Muffin konnte ja nicht auf sein Katzenklo, weil dieses von einem Monster bewacht wurde, deshalb hatte er ins Bett gepinkelt. Laetitia musste noch in der Nacht das Bett frisch überziehen. Als sie sah, was ich im Bad gemacht hatte, nannte sie mich einen Idioten. Die Nacht verbrachte ich sehr einsam.

Am nächsten Morgen hatten sich die Wogen wieder geglättet. Ich ging ins Wohnzimmer, setzte mich in den Sessel und sprang sofort wieder auf. Der verdammte Mistkater hatte einen duftenden Haufen im Sessel platziert und ich setzte mich mitten hinein.

Nach einigen Tagen fiel mir etwas auf. Wenn Laetitia von der Arbeit kam küsste sie zuerst Muffin, dann mich. Nachdem sie das einige Mal gemacht hatte, verstand ich den Wink und zog wieder aus.

Larissa und Morle

Nachdem ich nun einige Zeit ohne Freundin war, wurde mir langweilig. Vielleicht könnte ich mal wieder zur Beichte gehen. Ich war schon ewig nicht mehr dort.

Ein Kumpel kam mit, blieb aber vor der Kirche und wartete auf mich. Ich sagte: *das kann aber lange dauern.* Dann ging ich rein.

Ich erzählte dem Pfarrer: *ich habe mit einer Frau geschlafen, ohne mit ihr verheiratet zu sein.* Der Pfarrer fragte: *mit wem hast du die Sünde begangen? War es Larissa Schmidt aus der Burgstraße oder war es wieder mal Laura Meyer aus der Lessingstraße? Nein*, sagte ich, *mein Anstand verbietet mir, das zu offenbaren. Gut mein Sohn,* meinte der Pfarrer, *zehn Vaterunser zur Buße.* Draußen wartete Alfred und fragte: *na, wie war's? Prima*, sagte ich, *ich habe zwei neue Adressen.* Wir losten und ich bekam Larissa, während Alfred sich mit Laura zufrieden geben musste.

Es war nicht schwer, mit Larissa Kontakt aufzunehmen. Sie war gerade Solo und nicht abgeneigt.

Larissa hatte einen Havanna-Kater. Er war pechschwarz, deshalb hieß er auch Morle. Morle war jede Nacht unterwegs und streunte in der Gegend herum. Oft kam er mit Blessuren zurück, wenn er sich mit anderen Katern angelegt hatte. Morgens um 5 Uhr saß er vor der Haustier und miaute so lange, bis wir ihn hereinließen. Dann legte er sich hin und schlief den ganzen Tag. Am Abend verschwand er wieder. Doch einmal war alles anderst. Er rannte morgens aus dem Haus und raste durch alle Vorgärten der Nachbarschaft. *Was ist mit Morle los,* fragte ich Larissa? *Ich habe ihn gestern kastrieren lassen,* antwortete sie, *jetzt sagt er wohl alle Verabredungen ab.*

Am nächsten Morgen, es war Samstag, hatte ich eine Magenverstimmung. Larissa riet mir: *trinke 2 Tassen warmes Wasser, das wird dir helfen. Das mache ich doch schon seit einer Woche,* meinte ich, *nur du nennst es Kaffee.* Dann ging ich aus dem Haus. Als ich zurückkam und in die Wohnung wollte putzte Larissa gerade den Boden. *Komm schon rein,* rief sie, *und mach die Tür zu. Geht nicht,* protestierte ich, *ich habe schmutzige Füße. Macht doch nichts,* meinte sie, *du kannst die Schuhe ja anbehalten.*

Am Abend sahen wir im Fernsehen einen Sexfilm an. Larissa fragte: *für wieviel Geld würdest du in einem Sexfilm mitmachen? Hm,* meinte ich vorsichtig, *sagen wir, für Tausend Euro. Was, so wenig?,* rief sie. *Na, ja,* sagte ich, *mehr Geld habe ich im Moment nicht.*

In der Nacht sagte sie: *ich glaube, du liebst mich nicht mehr. Natürlich liebe ich dich noch,* protestierte ich, *aber ich werde doch mal zehn Minuten verschnaufen dürfen.*

Am nächsten Morgen hatte sie meine Sachen bereitgestellt. Ich brauchte nichts mehr einzupacken. Ich verstand den Wink und ging.

Laura und Beauty

Am Abend saß ich an der Bar und trank einen Whisky. Plötzlich setzte sich eine hübsche Blondine neben mich. Ich bezahlte ihr einen Drink und unterhielt mich mit ihr. Als ich dachte, jetzt habe ich sie so weit, lud ich sie für Morgen zu einer Spazierfahrt ein. *In Ordnung,* meinte sie, *morgen können wir einen schönen Ausflug mit deinem Porsche machen. Ich habe leider keinen Porsche,* sagte ich, *nur einen alten VW. Was,* rief sie, *keinen Porsche? Aber an der Bar Whisky trinken und Mädchen anquatschen?* Verdammt, das war schiefgegangen.

Ich drehte mich um und sah an einem Tisch eine junge Frau sitzen. Sie war offensichtlich einsam. Ich ging zu ihr hin und fragte: *erwarten sie jemanden? Jetzt nicht mehr,* sagte sie und bat mich Platz zu nehmen.

Wir unterhielten uns so angeregt, dass wir die Zeit vergaßen. Plötzlich kam der Chef und meinte: *Feierabend, es ist 3 Uhr.*

Natürlich brachte ich Laura, so hieß die Schöne, nach Haus und sie lud mich noch auf einen Kaffee ein. Ich dachte, ich sehe mir das mal unverbindlich an, und kam mit.

Als wir ihre Wohnung betraten, stolperte ich fast über eine Katze. *Das ist Beauty, meine Angora-Katze,* sagte Laura. Beauty sah mich an, machte kehrt und rannte ins Wohnzimmer. Dort versteckte sie sich unter dem Sofa. Laura meinte: *so was hat sie noch nie gemacht.* Aber ich war nicht überrascht. Katzen können mich einfach nicht leiden.

Ich blieb über Nacht und auch noch die nächsten Tage. Während Laura zur Arbeit ging, blieb ich da und passte auf Beauty auf.

In der Diele stand ein Schrank, in dem das Trockenfutter für die Katze aufbewahrt wurde. Während ich die Zeitung las hörte ich etwas in der Diele klappern. Ich schaute vorsichtig nach und sah Beauty wie sie versuchte die Schranktür zu öffnen. Ich schimpfte mit ihr und ging zurück ins Wohnzimmer.

Plötzlich hörte ich ein Rascheln und schaute sofort nach. Beauty war es doch noch gelungen, die Schranktür zu öffnen und das Trockenfutter lag in der ganzen Diele verstreut auf dem Boden. Ich brauchte fast eine Stunde um alles wieder aufzusammeln. Dabei wurde ich von Beauty ständig behindert. Sie schnappte nach jedem Bröckchen, so als hätte sie schon seit Wochen nichts mehr zu fressen bekommen.

Als Laura von der Arbeit kam erzählte ich ihr die Geschichte. Sie glaubte kein Wort: *mein süßes Kätzchen kann doch so eine schwere Schranktür nicht öffnen. Wahrscheinlich hast du die Tür offengelassen.*

Dann ging sie in die Küche um das Abendessen zu machen. Sie rief aus der Küche: *was soll ich dir heute zubereiten? Magst du Filet oder Lachs, oder lieber Wild? Wild wäre gut,* meinte ich, *darauf würde ich mich freuen. Wer spricht denn mit dir,* antwortete sie, *ich meinte doch Beauty.* Nun wusste ich, welchen Stellenwert ich bei Laura hatte.

Um sie zu versöhnen ging ich am nächsten Tag ins Tierheim und holte ein süßes kleines Kätzchen. Sicher würde sich Laura darüber freuen. Laura war schon von der Arbeit zurück, als ich mit einem Karton das Zimmer betrat. Ich sagte: *ich habe eine Überraschung für dich* und öffnete den Karton. Neugierig schaute Laura in den Karton. Das kleine Kätzchen geriet in Panik und fuhr ihr mit ausgefahrenen Krallen ins Gesicht. Dann haute es ab und raste pinkelnd durch die ganze Wohnung. Laura war so verärgert, dass sie uns beide kurzerhand aus der Wohnung warf. Ich brachte das Kätzchen ins Tierheim zurück und überlegte, was ich wohl falsch gemacht hatte.

Lea und Cora

Nun war ich wieder Solo und überlegte, wie ich eine Neue kennenlernen konnte. Im Internet entdeckte ich eine Seite mit dem Club der einsamen Frauen. Darauf waren einige Schönheiten abgebildet. Ich schickte per E-Mail mein bestes Foto an den Club. Eine Stunde später kam die Antwort: so einsam sind wir nun auch wieder nicht.

Das hat gesessen. Vom Internet ließ ich in Zukunft die Finger. Aber wo könnte ich noch eine Frau kennenlernen? Dann dachte ich, warum nicht im Supermarkt. Ich musste sowieso einkaufen und machte mich auf den Weg. Der Supermarkt war ziemlich voll und ich schaute zuerst auf die Frauen und dann auf ihre Einkäufe. Eine hatte Pampers im Wagen, also Finger weg. Eine andere hatte nur Obst und Gemüse im Wagen, also eine Vegetarierin oder eine Veganerin. Finger weg. Dann entdeckte ich eine hübsche Frau, die im Wagen nur Katzenfutter hatte. Volltreffer. An die musste ich mich ranhängen. Ich richtete es so ein, dass ich hinter der Auserwählten an die Kasse kam.

Ich legte meine Einkäufe auf das Transportband und ging an der Kasse vorbei. Dann nahm ich eine reiß- und bruchfeste Einkaufstüte, für die ich auch noch 1 Euro bezahlen musste. Kaum hatte ich alles eingepackt, riss der Griff ab und der Boden brach durch. Die zersplitterten Marmelade- und Gurkengläser schaufelte ich wütend auf das Transportband. Den Matsch aus zerquetschten Eiern und Tomaten stopfte ich dem herbeigeeilten Geschäftsführer in den Hemdkragen. Das war das erste Mal, dass ich in einem Supermarkt Hausverbot erhielt.

Meine Auserwählte hatte das alles belustigt beobachtet und außerhalb des Marktes kamen wir ins Gespräch. Ich bot ihr an, sie mit ihren Einkäufen mit dem Auto nach Haus zu bringen. Sie nahm dankend an, denn sie hatte wirklich schwere Einkaufstaschen.

Ich trug ihr auch noch die Taschen in die Wohnung und sie war sehr beeindruckt: *Kavaliere findet man heute nur noch selten.* Dann lud sie mich ein, doch zum Essen zu bleiben. Ich hatte gerade Zeit und blieb.

Plötzlich kam ein kleiner Tiger hereinspaziert. Das ist Cora, meine Katze, meinte Lea. Nun wusste ich auch, für wen die ganzen Büchsen Katzenfutter waren. Natürlich, es wäre mal was neues, wenn ich eine Frau kennenlernen würde, die keine Katze hat.

Während Lea das Mittagessen kochte, konnte ich Cora beobachten. Der kleine Tiger ging zur Fensterbank, sprang hinauf und fing an, an den Grünpflanzen zu knabbern. Dann fielen mir ihre Ohren auf. Sie waren ziemlich groß für so eine kleine Katze. Vielleicht war das gar keine Katze, vielleicht war das ein Kaninchen? Zum Mittagessen gab es gekochtes Gemüse. Ich bot Cora davon an. Sie verschmähte es. Auch grüne Gurken und Paprika lehnte sie ab. Also doch kein Kaninchen.

Nach dem Essen verabschiedete sich Lea von mir. Ich fragte sie, ob wir uns wiedersehen könnten?

Daraus wird wohl nichts, meinte sie, *ich bin eine Lesbe.* Schockiert verließ ich sie, das musste ich erst mal verdauen.

Dolores und Candy

So langsam ging es Weihnachten zu und es war Zeit für eine Grippeimpfung. Beim Arzt war viel Betrieb, aber die Impfung konnte ja von der hübschen Arzthelferin gemacht werden und ich musste nicht warten. Ich fragte sie: *habt ihr schon Impfstoff? Natürlich* sagte sie und rammte mir gleich die Spritze in den Arm. *Das ging aber schnell,* meinte ich, *gegen was bin ich nun eigentlich geimpft worden? Das weiß ich auch nicht,* sagte sie, *wir haben zwar den Impfstoff aber die passende Krankheit fehlt noch. Die erfahren wir vom Hersteller erst in zwei Wochen.*

Ich war mir nicht sicher, ob sie einen Scherz gemacht hatte, benutzte aber die Gelegenheit, sie einzuladen. Sie sagte gerne zu.

Ich musste in den kommenden Tagen fünf mal mit Dolores ausgehen, bis sie mich endlich in ihre Wohnung mitnahm. Das ging ganz schön in die Finanzen. Die Frauen sind zwar heute emanzipiert, aber zahlen darf der Mann immer noch.

Dolores hatte natürlich auch eine Katze, eine Peterbald. Von dieser Rasse hatte ich noch nie gehört. Candy sah auch eigenartig aus. Entweder ihr Fell war sehr kurz oder sie war nackt. Sie hatte auch einen kleinen Kopf und unheimlich lange Beine. Ich wollte mich mit ihr anfreunden und brachte ihr vom Fischladen Fischköpfe mit. Davon war sie begeistert. Aber Dolores meinte, die Köpfe müssten erst abgekocht werden, sonst verträgt die Katze das nicht. Tja, Pech für Candy. Eines Tages hatte Dolores noch Dienst und ich gab Candy die rohen Fischköpfe. Von diesem Tag an hatte sie die gekochten Köpfe nicht mehr angesehen. Aber nun erwartete sie von mir jeden Tag Fischköpfe. Wenn ich nichts dabei hatte fauchte sie mich an. So ein Miststück.

Am Samstag fuhr ich mit Dolores zum Supermarkt. Sie hatte eine lange Liste dabei und ich musste das Zeug zum Wagen schleppen. Natürlich musste ich auch bezahlen. Beim ausparken stieß ich leicht an einen anderen Wagen. Dolores schimpfte: *du Trottel, steig aus und hinterlasse einen Zettel, sonst ist das Fahrerflucht.* Mir blieb nichts anderes übrig. Als wir zu Hause waren fragte sie: *was hast du eigentlich draufgeschrieben? Tut mir leid*, antwortete ich.

Von Tag zu Tag wurde Dolores immer komplizierter und mir wurde es auch so langsam zu teuer. Am Abend hantierte sie in der Küche und rief: *was soll ich heute backen?* Ich wusste nicht welcher Teufel mich geritten hatte und rief zurück: *am besten deine Koffer.* Das hätte ich nicht sagen sollen. Ich hatte ganz vergessen, dass ihr die Wohnung gehörte und ich nur der Gast war. Bevor sie mich rauswarf ging ich freiwillig.

Molly und Panama

Nach einigen Tagen wollte ich es nochmal versuchen. Ich nahm das Telefon und wählte ihre Nummer. Es meldete sich eine Frauenstimme: *Hallo.* Ich sagte: *Hallo Dolores, ich habe Sehnsucht nach dir, darf ich vorbeikommen. Aber sicher Robert,* meinte sie, *ich warte auf dich. Ich heiße doch gar nicht Robert,* sagte ich. *Ist doch egal,* meinte sie, *ich bin auch nicht Dolores, ich heiße Molly.* So lernten wir uns kennen.

Molly hatte eine hübsche kleine Wohnung und einen fetten Kater. Sein Name war Panama. Wir schauten uns in die Augen und wussten sofort, Freunde werden wir nicht.

Molly war unkompliziert und ziemlich freizügig. Aber bald fiel mir auf, dass sie Panama mehr liebte als mich.

Am nächsten Tag sagte Molly: *Panama ist wirklich sehr schlau. Ach ja, wieso?* meinte ich. Molly: *Gestern wollte ich aus der Wohnung, da hatte ich das Gefühl, etwas vergessen zu haben. Ich blieb stehen und sagte das zu Panama. Und,* fragte ich, *ist er zurückgelaufen und hat es geholt? Nein,* meinte Molly, *er hat sich neben mich gesetzt und mit mir überlegt, was es wohl sein könnte.* Jetzt war ich mir sicher, die waren Beide nicht ganz dicht.

In der Nacht musste ich kurz ins Bad und stolperte über den fetten Kater, der mir absichtlich über den Weg lief. Ich gab ihm einen Tritt und ich glaube, ich hatte ihn sogar getroffen. Am Morgen dachte ich nicht mehr an unsere nächtliche Begegnung, da humpelte Panama ins Wohnzimmer und sah mich vorwurfsvoll an. Molly streichelte ihn und meinte: *ich glaube mein Schatz hat Rheuma. Ach woher*, sagte ich, *Katzenfell schützt doch vor Rheuma*. Ich glaube, sie liebt ihren Kater mehr als mich.

Dann ging Molly zur Arbeit und ich blieb bei Panama und ärgerte ihn. Als Molly am Nachmittag zurückkam sagte ich: *stell dir mal vor, Panama kann sprechen. Ich habe ihn gefragt: wie steht es mit der Liebe und weißt du was er geantwortet hat? Mau.*

Eines Tages meinte Molly: *hör mal Eddy, es stört mich ja schon, dass wir immer nur bei offenem Fenster Liebe machen. Können wir nicht wenigstens die Vorhänge zuziehen. Na schön*, meinte ich, *aber erst Morgen, für heute habe ich schon bei den Nachbarn abkassiert.*

Dieser dumme Scherz war das Ende unserer Beziehung. Noch am selben Tag zog ich aus. Panama schaute mir hinterher und ich glaube, er grinste sogar. Können Katzen überhaupt grinsen?

109

Mira und Emily

Ich musste mal wieder zum Supermarkt und fand auch einen, in dem ich kein Hausverbot hatte. Ich brauchte dringend Gewürze und suchte und suchte, fand die Gewürze aber nicht. Plötzlich lief eine Angestellte vorbei, mit dem Handy am Ohr. Mich beachtete sie nicht. *Hallo,* rief ich hinterher, *ich hätte gerne ihre Telefonnummer. Wofür,* rief sie zurück? *Damit ich sie fragen kann, wo ich die Gewürze finde,* antwortete ich. Sie gab mir tatsächlich ihre Nummer und zeigte mir auch das Gewürzregal hinter meinem Rücken.

So lernte ich Mira und Emily, ihre Angorakatze kennen. Mit Mira kam ich gut zurecht. Aber Emily machte es mir schwierig.

Mira hatte in der Küche einen Klappdeckeleimer in den sie die Speisereste warf. Für Emily war das keine Problem. Sie hatte schnell herausgefunden, dass sie nur mit der Pfote auf den Hebel drücken musste und schon ging der Deckel auf. Dann steckte sie ihren Kopf in den Eimer und klaute das restliche Hähnchen vom Mittagessen und zerrte es durch die Gegend. Zwischendurch warf sie es auf das Sofa und schließlich schob sie es unter den Fernseher, wo es liegenblieb. Ich hatte für den Abend ein Baguette mitgebracht und auf den Küchentisch gelegt. Ich ging kurz ins Wohnzimmer. Als ich in die Küche zurückkam sprang Emily auf den Tisch und befreite das Baguette von der Papiertüte. Dann biss sie es in der Mitte durch und leckte beide Teile gründlich ab. Heute Abend würde es wohl kein Baguette geben.

Ich packte Emily am Genick und warf sie hinaus in den Garten. Das nahm sie mir übel. Mira hatte inzwischen ihren Liebling gesucht und gefunden. Beide kamen wieder in die Wohnung, wobei Emily einen dicken schwarzen Käfer im Mund hatte. Sie spielte mit ihm bis er halb tot und zermatscht war, dann ließ sie ihn auf dem Teppich liegen. Anschließend kotzte sie auf den Fußboden, stiefelte hindurch und verteilte alles in der ganzen Wohnung. Mira war das wohl schon gewohnt und sie putzte alles weg. Ich dagegen überlegte, ob ich das Mistvieh nicht umbringen sollte. Das hatte die Katze doch absichtlich gemacht.

Mit Mira kam ich die nächsten Tage gut zurecht und zu Emily blieb ich vorsichtig auf Distanz.

Am Abend saßen wir gemütlich beieinander, da läutete es an der Tür. Ich zuckte mit den Schultern und meinte: *ich erwarte niemanden.* Mira stand auf und ging zur Tür. Als sie nach einigen Minuten zurückkam fragte ich: *wer war das? Ach, so ein Typ, der eine Umfrage machte,* meinte sie, *er wollte wissen, ob ich eine Alarmanlage oder einen Hund hätte und an welchen Tagen ich ausgehe. Ich habe seine Fragen schnell beantwortet und ihn dann abgewimmelt.* Da bemerkte ich zum ersten Mal, dass mit ihr etwas nicht stimmte.

Dann musste ich einige Tage geschäftlich verreisen, kam aber einen Tag früher wieder zurück und wollte sie überraschen. Sie hatte ein Abendessen vorbereitet mit Champagner, Rosen und Kerzenschein. Voller Freude lief ich in die Küche, wo sie gerade ein Essen vorbereitete. Sie sah mich und erschrak: *wolltest du nicht erst Morgen zurückkommen?*

Ich packte wortlos meine Sachen und ging. Ich weiß, wann ich nicht mehr gebraucht werde.

Nadja und Duffy

Ich musste mal wieder in die Innenstadt. An jeder Laterne hing ein Politiker, leider nur als Plakat. Da fiel mir ein, es war ja Wahlkampf.

In der Fußgängerzone verteilten die Wahlhelfer eifrig ihre Prospekte. Unter den Wahlhelfern war eine, die mir sofort gefiel. Ich ließ mir von ihr ein Prospekt geben und heuchelte Interesse am Programm ihrer Partei. Dabei war ich aber nur an Nadja, so hieß die Kleine, interessiert. Schließlich verabredeten wir uns für den nächsten Tag. Nadja wollte mir dann noch mehr über das Parteiprogramm erzählen. So kamen wir zueinander.

Nadja hatte einen kleinen kurzhaarigen Kater, Duffy. Und fett war das Viech. Ich habe ihn mal probeweise angehoben, der war schwer. Ich ließ ihn wieder fallen und er haute mit seiner Pfote nach mir. Dabei hatte er die Krallen ausgefahren. Vor dem würde ich mich in Acht nehmen müssen.

Nachdem ich mit Nadja einige Tage zusammen war hatte sie eine große Bitte. Duffy brauchte eine Impfung und ich sollte ihn in die Transportbox stecken und zum Tierarzt bringen. Ich ahnte, welch schwerer Kampf mir bevorstand und versteckte die Box in der Diele, wo Duffy sie nicht sehen konnte. Duffy saß auf der Fensterbank und beobachtete Vögel. Ich nahm ihn auf den Arm und trug ihn in die Diele, ohne dass er die Box sehen konnte. Kaum ging ich in die Knie um ihn hineinzusetzen wurde aus der Schmusekatze plötzlich eine Bestie. Unglaublich, wie viele Krallen so ein Kater hat. Ich dachte der hat zehn Pfoten.

Es kostete mich mein Hemd und einige Streifen Heftpflaster für meine Hand. Aber Duffy war immer noch nicht im Korb, sondern unter der Wohnzimmercouch. Und mit keiner Leckerei und guten Worten war er zu bewegen, wieder hervorzukommen.

Ich musste den Termin beim Tierarzt absagen und bekam einen neuen Termin am nächsten Tag. Ich legte gleich Heftpflaster bereit und zog mir dicke Gartenhandschuhe an. Aber Duffy war nicht beizukommen.

Nun nahm Nadja die Sache in die Hand. Sie nahm Duffy auf den Arm und steckte ihn in die Transportbox. Ohne Krallen, ohne Notverband.

Ich brachte den kleinen Teufel zum Tierarzt und warnte ihn vor der gefährlichen Bestie. Denkste. Duffy ließ sich ohne Widerstand impfen. Ich brachte ihn nach Hause und wollte ihn aus der Box herausholen. Schon hatte ich wieder die Krallen in der Hand. Ich glaube, Katzen können mich nicht leiden.

Nach einigen Tagen trennte ich mich von Nadja. Als ich nochmal Duffy sah, fiel mir der Abschied nicht mehr schwer.

Nicole und Hupsi

Nicole lernte ich bei einer Demo kennen. Sie war Tierschützerin und demonstrierte für einen Krötentunnel. In der Nähe von Straßburg war eine Schnellstraße die untertunnelt werden sollte. Kosten 300.000 Euro. Da die Krötenpopulation in diesem Jahr sehr hoch war, sollte der Krötentunnel schnell gebaut werden. Nicole war ganz Feuer und Flamme und wollte, dass ich mich auch an dieser Aktion beteilige. Ich sagte: *für die Kröten ist der Tunnel ja gut, aber auf der anderen Seite warten schon die Franzosen mit der Fritteuse.* Das wollte Nicole aber nicht glauben. Ich half ihr trotzdem, die Flyer zu verteilen und zum Dank lud sie mich zu sich zum Abendessen ein.

So lernte ich auch ihren Kater Hupsi und ihren Wellensittich Hansi kennen. Die beiden vertrugen sich gut und Nicole ließ Hansi oft im Wohnzimmer fliegen. Natürlich achtete sie immer darauf, dass die Fenster geschlossen waren.

Als Nicole zur Arbeit ging passte ich auf Beide auf. Mit Hupsi hatte ich kein Problem. Er war viel zu faul und lag den ganzen Tag am Fenster und schaute in die Gegend. Also beschäftigte ich mich mit Hansi. Ich achtete darauf, dass die Fenster geschlossen waren und ließ ihn aus dem Käfig. Er flog munter hin und her und verschwand plötzlich aus dem Zimmer. Ich hatte nicht an die Tür gedacht. Die stand offen. Gut, dachte ich, ist nicht schlimm, in der Diele hat es keine Fenster. Aber die Tür zum Bad stand auch offen. Dort stand ja das Katzenklo von Hupsi. Und im Bad waren die Fenster nicht geschlossen.

Ich sah aus dem Fenster, aber auf dem Baum saß er nicht. Dann sah ich die Katze des Nachbarn. Aus ihrem Mund hing der Schwanz eines Vogels. Armer Hansi.

Ich ging in den Garten und grub ein großes Loch. Der Nachbar kam hinzu und fragte: *was machen sie da? Ich begrabe unseren Wellensittich, er ist gestorben,* sagte ich. Nachbar: *aber das Loch ist viel zu groß für einen Vogel. Stimmt,* sagte ich, *aber der Vogel steckt ja noch in ihrer Katze.*

Inzwischen kam Nicole nach Hause und erfuhr, was geschehen war. Sie warf mich sofort raus. Ein Vogel war also unser Beziehungskiller.

Paloma und Mops

Inzwischen waren wir bereits in der Vorweihnachtszeit. Auf dem Marktplatz war der Weihnachtsmarkt aufgebaut und ich schlenderte durch die Stände. Gleich am ersten Stand gab es Bratwürste. Am nächsten Stand Kartoffelpuffer. Dann kam ein Glühweinstand und gleich daneben konnte man sich Heringsbrötchen kaufen.

Der Geruch der Bratwürste vermischte sich mit den Kartoffelpuffern, den Heringen und dem Zimtgestank. Schon nach wenigen Metern war mir übel.

Ich hatte schon genug gesehen und wollte gehen, da fiel mir ein Stand mit Schmuck ins Auge. Besonders die Künstlerin hatte es mir angetan. Ihr Name war Paloma.

Sie erzählte mir, dass sie Philosophie studiert. Um ihr Studium zu finanzieren verkaufte sie auf dem Weihnachtsmarkt selbstgefertigten Schmuck. Sie bot Ringe und Ketten aus Silber an und die Schmuckstücke sahen nicht mal schlecht aus. Ich kaufte ihr eine Silberkette ab, nicht ohne Hintergedanken. Dann verabschiedete ich mich.

Am Abend, als die Buden so langsam geschlossen wurden, tauchte ich zufällig an ihrem Stand wieder auf und bot ihr an, sie mit ihrem Schmuck nach Hause zu bringen. Sie stimmte dankbar zu. Als wir in ihrer Wohnung ankamen lud sie mich noch auf einen Kaffee ein und diesmal stimmte ich dankbar zu.

Wir hatten kaum die Wohnung betreten, da lief mir Mops, ihr Karthäuser-Kater über den Weg. Ich hätte es mir ja denken können. Paloma wäre die erste gewesen, die keine Katze hat.

Dann setzte sie tatsächlich Kaffee auf und nach 10 Minuten servierte sie ihn. Ich hatte eigentlich etwas anderes erwartet, heuchelte aber: *so einen guten Kaffee habe ich noch nicht getrunken.*

Dann erzählte sie von ihrem Tag auf dem Weihnachtsmarkt: *stell dir vor, von einem Kunden habe ich einen falschen Fünfziger bekommen. So eine Sauerei. Donnerwetter,* sagte ich, *zeig mal her. Das geht nicht,* meinte sie, *ich habe damit im Supermarkt bezahlt.* Du raffiniertes kleines Luder, dachte ich. Dann erzählte ich von meinem Tag: *Ich bin total fertig. Ich habe heute meinen Erbonkel getroffen. Und,* fragte sie, *hat er dich enterbt? Schlimmer,* meinte ich, *er hat mich angepumpt.*

Inzwischen hatten wir den Kaffee durch Rotwein ersetzt und unterhielten uns bis spät in die Nacht. Nach dem uns so langsam der Gesprächsstoff ausging fingen wir an zu philosophieren, das war ja ihr Gebiet. Wir kamen durch alle Themen und landeten schließlich bei den Lebenskrisen.

Ich laberte: *wenn die Frau eine Lebenskrise hat stellt sie sich die Frage: war das schon alles? Das kann noch nicht alles gewesen sein. Auch wenn sie in ihrem Leben noch nichts Besonderes geleistet hat, stellt sie sich diese Frage. Dann beginnt sie mit Kursen. Zuerst ein Töpferkurs, dann Yoga, dann Transzendentale Medidation und schließlich landet sie bei Nordic Walking. Nicht unbedingt in der Reihenfolge. So, so,* meinte Paloma, *und wie ist es bei dem Mann?*

Ach, sagte ich, *der Mann stellt sich keine Frage, weil er weiß, es gibt keine Antwort. Er kauft sich einen Porsche und ein Motorboot, dann nimmt er sich eine 20-jährige Geliebte. Wobei die ersten beiden Dinge billiger sind. Eines Morgens steht er auf, geht ins Bad und sieht sich nackt im Spiegel. Er erschreckt fürchterlich und denkt: ist das gräßlich. Dann legt er sich wieder hin und stirbt.*

Sie war nicht ganz meiner Meinung, aber zu müde zum diskutieren. Weil es schon mitten in der Nacht war, bat sie mich doch zu bleiben. Das lehnte ich nicht ab. So begann unsere Beziehung.

Am nächsten Tag lernte ich Mops näher kennen. Er hatte im Abfalleimer die Haut eines Grillhähnchens gefunden und zog sie über den Fußboden. Als ich sie ihm wegnehmen wollte fauchte er und machte einen Buckel. Dann knabberte er ein Bisschen an der Haut, ließ sie liegen und verzog sich ins Bad.

Nach einer Weile schaute ich nach ihm. Die Ruhe kam mir verdächtig vor. Ich schaute vorsichtig ins Bad. Mops hatte von draußen einige Käfer mitgebracht und im Bad zerlegt. Er ließ dabei eine Kollektion von Beinen, Fühlern und Flügeln auf dem Boden zurück. Dann ging er zu seinem Wassernapf, trank viel Wasser und kotzte anschließend die Käfer und das Wasser auf die Fliesen. Dann schaute er mich herausfordernd an und stolzierte an mir vorbei aus dem Bad hinaus. Ich konnte die Sauerei wegwischen. Das würde ich ihm heimzahlen.

Ich blieb noch den nächsten Tag bei Paloma. Nach dem Frühstück hörte ich aus der Küche seltsame Geräusche. Paloma kam ins Wohnzimmer und ich fragte: *was war das eben? Das hörte sich an, als hättest du die Katze gefoltert. Ich habe gesungen,* meinte sie pikiert.

Dann musste sie wieder auf den Weihnachtsmarkt und bat mich, mit Mops zum Tierarzt zu fahren. Der sollte ihm ein Wurmmittel spritzen. Inzwischen hatte ich ja schmerzhafte Erfahrungen gemacht und rechnete mit dem Schlimmsten. Aber wider Erwarten ließ sich Mops ohne Gegenwehr in die Transportbox stecken und zum Tierarzt bringen. Aber was ich dort erlebte?

Beim Tierarzt kannten sie ihren Mops schon lange. Die Assistentin brachte eine Zwangsjacke, speziell für Katzen. Mops musste seine Beine, seinen Schwanz und seinen Kopf durch die Löcher stecken. Dann schloss die Assistentin den Klettverschluss der Zwangsjacke. Nun folgte ein Drama. Mops, der bisher so friedlich war, sprengte mit einem Ruck den Klettverschluss und raste durch die Praxis. Nur mit Mühe konnte ich ihn wieder einfangen. Anschließend wurden die Kratzer an meinen Händen verarztet und ich bekam eine Tetanus-Spritze. Für Mops vereinbarte ich einen neuen Termin, ohne mich. Ich brachte Mops zu Paloma zurück und verabschiedete mich. Ich sagte zu Paloma: es war schön mit dir, aber wenn ich noch einen Tag länger hierbleibe, bringe ich den Kater um. Dafür hatte sie Verständnis.

Polly und Sascha

Polly lernte ich auf ungewöhnliche Weise kennen. Eigentlich hieß sie Apollonia, aber ich nannte sie Polly.

Der Tag fing ganz harmlos an. Ich stieg in den Linienbus, in der rechten Hand eine Butterbrezel und in der linken Hand einen Kaffeebecher. Der Busfahrer pflaumte mich sofort an: *das hier ist kein Speisewagen. Ich weiß,* sagte ich, *deshalb habe ich ja mein Essen mitgebracht.* Der Busfahrer hatte dafür kein Verständnis und warf mich aus dem Bus. Dabei entdeckte er im Bus eine junge Frau mit einem Döner. Die warf er gleich hinterher. So kamen wir ins Gespräch.

Polly gefiel mir und ich lud sie für den Abend in ein Restaurant ein. Ich hatte gerade meinen großzügigen Tag.

Am Abend holte ich Polly ab. Ich wollte sie zwar beeindrucken, aber nicht mit einem Restaurant für Feinschmecker. Deshalb wählte ich ein gutes bürgerliches Restaurant.

Wir hatten kaum Platz genommen, da kam ein rumänisches Akkordeon-Duo zur Tür herein. Die beiden blieben an unserem Tisch stehen und begannen rumänische Volksweisen zu spielen. Ein Akkordeon war 10 cm von meinem linken Ohr entfernt und nach 10 Sekunden hatte ich einen

Hörsturz. Ich gab jedem 10 Euro, damit sie weiterzogen. Aber jetzt blieben sie erst recht an unserem Tisch und spielten munter weiter. Für den Rest des Abends hatte ich nur noch ein Pfeifen in den Ohren und verstand Polly überhaupt nicht mehr. Zum Glück konnte ich etwas von ihren Lippen lesen. Zu jedem ihrer Worte nickte ich mit dem Kopf. Da konnte ich nichts falsch machen.

Als es auf Mitternacht zuging, brachte ich sie nach Haus und wollte mich verabschieden. Sie sagte verwundert: *du wolltest doch mit zu mir kommen?* Das hatte sie also im Restaurant versucht mir zu sagen. Ich spielte den Überraschten, schlug mir an die Stirn und meinte: *natürlich, das hatte ich fast vergessen.* Und so kamen wir zusammen.

Polly hatte eine schöne Siamkatze. Ich schmeichelte: *woher hast du diese schöne Siamkatze? Direkt aus Thailand,* meinte sie, *ich bin letztes Jahr extra hingeflogen. Hättest du die nicht auch in der Zoohandlung im Zentrum bekommen?*, fragte ich. *Vielleicht,* meinte sie, *aber dort kriegt man doch keinen Parkplatz.*

Und so lernte ich auch Sascha kennen, Pollys Siamkater. Der war etwas ganz Besonderes. Er hörte fast nie zu und tat was er wollte. Seine Reaktionen waren absolut unvorhersehbar. Wenn er unglücklich war, jammerte er so lange, bis sich jemand um ihn kümmerte. Er war launisch und ließ seine Haare überall. Kurz gesagt er war eine ganz normale Katze. Wenn ich etwas auf dem Laptop schrieb, saß er auf dem Tisch und schaute mir zu. Sobald ich den Tisch verließ, wenn zum Beispiel das Telefon klingelte, tappte er über die Tastatur und schaute fasziniert darauf, was sich auf dem Bildschirm tat. Er trieb mich fast in den Wahnsinn.

Dann passierte etwas Schlimmes. Ich war mit Sascha auf dem Hof, als der Hausherr mit seinem Hund herunter kam. Der Hund lief frei herum, sah Sascha und stürzte sich auf ihn. Ich schrie den Hausherrn an: *nehmen sie ihren sabbernden Dreckssköter an die Leine*. Aber es war zu spät. Die beiden kämpften schon miteinander. Wobei der Hund keine Chance hatte. Sascha verpasste ihm mit ausgefahrenen Krallen ein paar Hiebe auf die Schnauze und der Hund rannte jaulend davon. Erst nach langem zureden gelang es dem Hausherrn, seinen Hund wieder ins Haus zu bekommen. Der Hund war nun ein Fall für den Hundepsychiater.

Wegen dieses Vorfalles drohte der Hausherr Polly mit der Kündigung ihres Mietvertrages, wenn ich nicht verschwinde. So musste ich Polly leider verlassen. Dabei hatte alles so gut angefangen. Zum ersten Mal bedauerte ich einen Abschied.

Regina und Furzel

Regina lernte ich eher aus Zufall kennen. Ich ging durch die Fussgängerzone zum Kaufhaus. Vor dem Kaufhaus saßen drei exotische Musiker mit ihren Instrumenten. Ich warf schnell einen Euro in ihren Teller, bevor sie anfiengen zu singen. Dann ging ich weiter zur Hauptstraße.

Ich musste dringend zu einer Besprechung und sah mich nach einem Taxi um. Da kam auch schon eines um die Ecke. Ich pfiff durch die Finger, aber der Taxifahrer beachtete mich nicht. Komisch, im Film klappt das immer. Man braucht nur zu pfeifen und schon hält ein Taxi.

Einige Meter vor mir ging eine junge Frau. Sie trug Jeans die aussahen, als hätte sie unter einem Auto gelegen und Ölwechsel gemacht. An den Schenkeln und Knien hatten die Jeans große Löcher. Das ist wohl heute die Jeansmode. Diese sogenannten Designer-Jeans bekam man nicht unter 300 Euro.

Die junge Frau hatte sich bei meinem Pfiff umgedreht und geschaut, wer wohl gepfiffen hatte. Ich ging sofort hin und erklärte die Situation. Das Taxi war längst außer Sicht. Sie glaubte mir meine Geschichte nicht und meinte: *alle Menschen lügen doch. Ich kenne einen,* meinte ich, *der sagt immer die Wahrheit. Und wer soll das sein?*, fragte sie. *Ich,* antwortete ich. Der darauf folgende Lachanfall brachte sie fast zum Ersticken.

Aber nun war das Eis gebrochen und wir unterhielten uns ganz ungezwungen. Sie meinte: *ich bin gerade auf dem Weg ins Fitness-Studio. Treibst du auch Sport? Na klar,* sagte ich, *ich spiele Tennis und Golf, mache Nordic Walking, gehe Kegeln und Radfahren und zwischendurch mache ich Tai Chi und Yoga. Das ist ja enorm,* meinte sie schwer beeindruckt, *und wann machst du das alles? Morgen fange ich damit an,* sagte ich.

So lernten wir uns näher kennen und verabredeten uns für den nächsten Tag. Meine Besprechung hatte ich längst vergessen. Nachdem wir mehrmals miteinander ausgegangen waren, lud sie mich endlich in ihre Wohnung ein.

Dort lernte ich auch ihren Somali-Kater Furzel kennen. *Wie kommt er zu diesem Namen?,* fragte ich. *Muß ich das wirklich erklären?,* meinte sie. Wir verbrachten eine schöne Zeit miteinander, bis Regina herausfand, dass ich keine geregelte Arbeit hatte. Ich erklärte ihr, dass ich Schriftsteller bin. *Wieviele Bücher hast du schon verkauft?,* fragte sie mich. *Heute noch keines,* sagte ich. Regina: *und letzten Monat? Auch keines,* stotterte ich. Regina ließ nicht locker: *und letztes Jahr. Auch keines,* musste ich zugeben, *aber ich habe zehn Bücher verschenkt.* Regina blieb hartnäckig: *und wovon lebst du?* Warum wollen Frauen das immer wissen? *Ich lebe von gelegentlichen Arbeiten,* sagte ich, *ich bin sparsam und komme gut zurecht.* Meine Antwort stellte sie nicht zufrieden und das ließ sie mich auch merken.

Am nächsten Morgen ging ich runter um die Zeitung zu holen. Aus dem Kellergeschoß hörte ich ein klägliches Miauen. Ich sah die Kellertreppe hinab und da saß Furzel und maunzte kläglich. Neben ihm lag eine Ratte, die er wohl erlegt hatte. Aber die Ratte muß ihn noch gebissen haben, denn er leckte sich ständig die Pfote. Ich sagte komm Furzel und er ging mir tatsächlich hinterher. Die Ratte legte ich dem Nachbar vor die Tür. Den Kerl konnte ich sowieso nicht leiden.

In der Wohnung nahm ich mir Furzel's Pfote vor. Ich holte ein Fläschchen Jod aus dem Verbandskasten und leerte es über Furzels Pfote. Den darauf folgenden Schrei vergesse ich nicht. Furzel sauste wie der Blitz unter das Sofa und nichts konnte ihn bewegen, wieder hervorzukommen.

Als Regina von der Arbeit kam, sah sie die Jodflecken auf dem Teppich und wurde wütend. Ich erklärte ihr, was passiert war, aber das machte sie nur noch wütender. Sie lockte Furzel unter dem Sofa hervor und er kam auch sofort. Ich hatte es stundenlang versucht und bei mir kam er nicht. Regina verband ihm seine Pfote und alles war in Ordnung. Furzel marschierte zu seinem Schlafplatz, dabei drehte er den Kopf und sah mich an, als hätte ich ihn gebissen.

Regina hatte sich inzwischen etwas beruhigt, meinte dann aber: *unsere Beziehung war von Anfang an ein Irrtum. Wem sagst du das*, meinte ich, *ich hatte eigentlich nur nach einem Taxi gepfiffen.*

Sie sagte kein Wort mehr und zeigte nur auf die Tür. Ich verstand, packte meine Sachen und verschwand. So endete unsere Beziehung nur wegen einer verletzten Katzenpfote. Ich hasse Katzen.

Rosi und Bully

Durch einen glücklichen Umstand kam ich in den letzten Tagen zu etwas Geld. Zum ausgeben war es zuviel, zum sparen zu wenig. Also fuhr ich nach Baden-Baden zur Spielbank. Hier konnte man ein kleines Vermögen machen. Besonders, wenn man vorher ein großes Vermögen hatte.

Ich nahm mir Zeit und beobachtete erstmal die verschiedenen Tische. Da gab es einen Tisch an dem nur Bacarat gespielt wurde. Das Spiel kapierte ich nicht. An einem anderen Tisch wurde Black Jack gespielt. Das kannte ich noch aus meiner Jugendzeit. Da hieß es 17+4. Die Kartentische interessierten mich nicht, deshalb ging ich zu den Roulett-Tischen.

Die meisten Leute spielten mit den runden Chips zu 5 Euro oder 10 Euro. Einzelne setzten aber größere quadratische Chips. Das waren die Tausender.

So weit wollte ich aber nicht gehen. Ich machte es wie ein Wilderer. Der nimmt auch nur 1 Patrone mit auf die Jagd. Also holte ich mir einen Chip über 100 Euro.

Ich suchte mir einen passenden Tisch. An Tisch Nummer 7 sass eine junge, hübsche Frau und spielte kleine Einsätze. Hier war ich richtig. Neben der Dame war noch ein Platz frei. Ich setzte mich und legte meinen Chip vor mich hin.

Als die Einsätze begannen setzte ich meinen Chip auf die 42. Der Croupier warf die Kugel und das Spiel begann. Ich schaute fasziniert auf das rotierende Rad und dann blieb es stehen. Es kam die 42. Ich hatte das 35-fache meines Einsatzes gewonnen. Das waren 3500 Euro.

Der Croupier nahm einen Rechen mit einem langen Stiel und schob alle Chips, die nicht gewonnen hatten, zu seinem Kollegen an der Stirnseite. Es war ein großer Haufen und ich konnte nun abschätzen, wie groß die Gewinnchancen für den Spieler waren. Die Bank gewinnt immer.

Auf die übriggebliebene 42 legte der Croupier nun große quadratische Chips.

Die Dame neben mir bewunderte mich und fragte: *warum hast du die 42 genommen? Ist das deine Glückszahl? Jetzt schon,* meinte ich. Dann erzählte ich ihr von meinem Traum: *mir erschien im Traum einen nackte Tänzerin mit der Nummer 7. In der nächsten Nacht passierte dasselbe. Wieder träumte ich von der Tänzerin mit der Nummer 7. Da dachte ich 7 mal 7 ist 42 und die Zahl habe ich genommen. Rechnen ist wohl nicht deine Stärke,* meinte sie lachend. *Na ja,* erwiderte ich, *als Junge wünschte ich mir immer einen Hamster. Mein Vater sagte, wenn du in Mathe eine Eins schreibst, bekommst du den Hamster. Ich habe ihn nie bekommen.*

Ich stand auf und meinte: *ich habe genug gewonnen, ich gehe jetzt zur Bar.* Sie stand ebenfalls auf und sagte: *Moment, ich komme mit.* So lernte ich Rosi kennen.

Rosi war sehr gebildet und unsere Unterhaltung kam bald in höhere Regionen. Ihr Lieblingsthema war die Chaostheorie. Nun machte ich den Fehler und sagte: *von dieser Theorie habe ich noch nicht gehört.* Sofort begann sie zu erklären: *wenn in Deutschland ein Schmetterling mit den Flügeln schlägt, kann es in Asien einen Wirbelsturm geben.* Ich zweifelte zwar an der Theorie, aber nun traue ich mich nicht mehr im Freien einen fahren zu lassen.

So nach und nach gingen uns die Themen aus und wir fuhren nach Hause. Rosi lud mich zu sich ein und da ich nichts Besseres vorhatte ging ich mit.

Natürlich hatte auch Rosi eine Katze. Bully war ein dicker, fetter Kater mit dem ich so einiges erlebte.

Rosis Wohnung war im Erdgeschoß. Im Hinterausgang war eine Katzenklappe. So eine Katzenklappe ist eine wunderbare Erfindung. Man braucht nicht jedesmal zur Tür, wenn die Katze raus oder rein will. Nun kann sie selbst entscheiden. Aber so eine Katzenklappe hat auch Nachteile. Es kommen auch Katzen aus der Nachbarschaft ins Haus. Und kleine Hunde. Und in manchen Häusern in der Nacht sogar Waschbären.

Mitten in der Nacht, es muss so um 3 Uhr gewesen sein, hörte ich lautes miauen aus dem Hinterhof. Ich schaute nach Bully, konnte ihn aber nicht finden. Also ging ich, mit einer Taschenlampe bewaffnet, durch die Hintertür. Nur mit der Unterhose bekleidet kroch ich durch die Büsche und suchte nach Bully. Als ich mich kurz umdrehte sah ich auf dem Balkon zwei glühende Augen, die mich anstarrten. Es war Bully, der mir vergnügt zuschaute.

Ich ging hinein und versuchte wieder einzuschlafen. Am nächsten Morgen erwachte ich durch lautes Geschrei. Ich stürzte ins Wohnzimmer und sah Bully. Er hing in 1 Meter Höhe am Vorhang und kam nicht mehr herunter. Ich wollte ihm helfen und nahm ihn herunter. Als Dank zerkratzte er mir den Arm. Das elende Miststück.

Rosi war inzwischen auch erwacht und hatte uns beobachtet. Sie sah meinen zerkratzten Arm und fragte fürsorglich: *hast du Schmerzen? Ach*, meinte ich, *die paar Kratzer, das ist doch gar nichts. Ich habe im Leben schon andere Schmerzen erduldet. Ich bin Heimwerker und nicht mal ein Guter.*

Nach einigen Tagen mit Rosi hatte ich mich auch an Bullys Macken gewöhnt. Sein Lieblingsplatz war auf dem Sofa. Er machte sich lang und schlief den ganzen Tag. Und ich musste mich auf den harten Stuhl setzen.

Am nächsten Tag scheinte die Sonne. Bully verließ seinen Lieblingsplatz auf dem Sofa und sonnte sich auf der Fensterbank. Plötzlich entdeckte er den Nachbarshund Hasso auf dem Hof. Hasso rannte wild umher und als er Bully sah, knurrte und bellte er. Hasso konnte Katzen nicht ausstehen. Und Bully konnte Hunde nicht leiden, besonders wenn sie stänkern. Bully sprang von der Fensterbank herunter und sauste aus dem Haus. Hasso schaute ganz blöd, als Bully plötzlich vor ihm stand. Bully fauchte drohend, sein Fell sträubte sich und sein Schwanz wurde dick wie eine Flaschenbürste. Hasso sprang hin und her, er wollte Bully wohl Angst machen. Der ging aber blitzschnell auf die Hinterbeine und verpasste Hasso einen Satz Ohrfeigen. Dann raste er auf den nächsten Baum und blieb auf einem Ast sitzen. Hasso sprang wütend am Baumstamm hoch, aber das beeindruckte Bully überhaupt nicht. Schliesslich zog Hasso mit eingeklemmtem Schwanz beleidigt ab. Bully kam ins Haus und nahm seinen Platz auf der Fensterbank wieder ein.

Am Nachmittag kam Rosi von der Arbeit und ich überraschte sie mit einem selbstgekochten Gericht. *Was ist das?* fragte sie misstrauisch. *Ein Schnurgelputz*, sagte ich stolz. *Und was ist das?* fragte sie. *Ich nahm alles was herumlag und machte es warm*, sagte ich voller Stolz. Sie konnte sich für mein Gericht nicht begeistern und fragte sich: *wen habe ich mir da ins Haus geholt?*

Gegen Abend schaute Rosi aus dem Fenster und rief: *die blonde Krawallschachtel von gegenüber ist am ausziehen*. Ich sprang sofort auf und holte mein Fernglas, dabei stieß ich fast den Tisch um. *Spinnst du?*, meinte Rosi, *den Möbelwagen siehst du doch auch ohne Fernglas*, dabei grinste sie hämisch.

Ich dachte, vielleicht ist es besser die Beziehung zu beenden und sagte: *ich muss mal nach meiner Wohnung sehen. Ich ruf dich dann Morgen an*. Dann ging ich aus dem Haus.

Unterwegs hielt mich ein Jugendlicher an und streckte mir sein Handy entgegen. Oh, dachte ich, ein Anruf von Rosi und hielt das Handy an mein Ohr. Es war niemand dran. Da fing der Jugendliche an zu plärren:*gib mir mein Handy wieder*. Wie sich dann herausstellte, wollte er nur, dass ich ein Foto von ihm mache. So was Blödes.

Sabrina und Zappelmann

Mit dem Speed-Dating hatte ich Erfolg. Nun las ich von einer neuen Sache. Speed-Hating. Statt Süßholz raspeln zieht man hier vom Leder was das Zeug hält. Man giftet seinen Gegenüber nach Herzenslust an und wird dann ebenfalls angegiftet. Wer hat's erfunden? Die Engländer. Die Sache ist durchaus witzig, aber ob daraus eine Beziehung wird ist fraglich.

Trotzdem musste ich das ausprobieren. Mir gegenüber saß Sabrina, eine hübsche Dunkelhaarige. Ich packte mein geballtes Wissen an Schimpfwörtern aus und sie konterte. Als uns so langsam die Begriffe ausgingen, setzten wir unsere Unterhaltung auf traditionelle Art fort und so kamen wir uns näher.

Wir gingen einige Mal miteinander aus und so lernten wir uns besser kennen. Nach einer Woche zog ich bei ihr ein.

Sabrina hatte einen Kater, ein verrücktes Viech. Sie nannte ihn Zappelmann. Dem Namen machte er alle Ehre. Manchmal sauste er wie ein Wilder durch die Wohnung, dann machte er wieder genau das Gegenteil.

Hier ein Beispiel. Zappelmann wollte aus dem Haus. Ich ging zur Tür und öffnete. Zappelmann blieb auf der Schwelle stehen, halb drinnen, halb draußen und überlegte ob er rein oder raus wollte. Draußen war es saukalt und die Kälte kam so langsam ins Haus. Das kümmerte Zappelmann überhaupt nicht. Wieder dachte ich an die Katzenklappe.

Am Schlimmsten war es bei Vollmond. Zappelmann wartete, bis es im Haus still geworden war, dann sprang er vom offenen Küchenfenster auf die Feuerleiter. Wie alle Katzen konnte er im Dunkeln ausgezeichnet sehen. Außerdem leuchtete der Mond sehr hell. Er kletterte auf den Dachgiebel und machte es sich neben dem Schornstein bequem. Von hier hatte er einen ausgezeichneten Blick auf die anderen Dächer im Viertel. Auf denen saßen nun ebenfalls Katzen. Sie begrüßten sich gegenseitig. Dann stimmten sie eine Arie an. Und Zappelmann war der Lauteste. Es klang fürchterlich. An allen Häusern wurden die Fenster aufgerissen und man hörte die Rufe: *aufhören mit dem Gejaule, Verfluchtes Katzengejammer*. Das störte die Katzen überhaupt nicht.

Am nächsten Morgen hatten wir die Bescherung. Fast alle Katzen, darunter auch Zappelmann, kamen nicht mehr vom Dach herunter und maunzten kläglich. Die Feuerwehr hatte viel zu tun.

Nachdem wir nun fast einen Monat zusammen waren, stellten wir fest, dass unser Zusammenleben doch nicht ganz problemlos war. Wir waren beide der Meinung, dass wir uns trennen sollten. Für mich war das neu, da ich sonst meistens hinausgeworfen wurde.

Zurück in meiner Wohnung sah ich gleich im Internet nach, was noch an Dating's angeboten wird. Ich fand einen Hinweis auf Silent-Dating. Das war etwas ganz Neues und es war sogar ganz in meiner Nähe. Da musste ich unbedingt mal unverbindlich reinschauen.

Simone und Mecky

Heute war der große Moment. Ich ging zum Silent-Dating. Ich hatte keine Ahnung was mich erwartet und hatte ein mulmiges Gefühl. Schon beim Betreten des Lokales wurden wir darauf hingewiesen, dass beim Silent-Dating reden verboten ist.

Ich setzte mich also an den Tisch und mir gegenüber nahm Simone Platz. Wir schauten uns an und schwiegen beharrlich. Wir sollten uns auf sinnlicher Ebene wahrnehmen und nicht alles zerreden. Lediglich Zettelchen waren erlaubt, die wir uns gegenseitig zuschoben. Aber eines ist blöd. Wenn man die Stimme des Gegenüber nicht hört, kann es böße Überraschungen geben.

Die Frau kann wunderschön sein, hat aber eine Stimme wie eine Micky Maus. Oder ihr Lachen klingt wie das Gemecker einer Ziege.

Bei den Männern ist es nicht anderst. Manche sprechen so langsam, dass man ihnen beim Sprechen die Zähne plombieren kann. Manche sprechen so schnell, dass man nichts versteht. Silent-Dating ist also nicht das Wahre. Da kauft man ja die Katze im Sack und hinterher stellt man fest, im Sack ist gar keine Katze.

Ich machte es einfach, ich schrieb auf den Zettel: *willst du mit mir gehen? Ja - Nein - Vielleicht.* Sie brauchte nur das betreffende anzukreuzen. So hatten wir es früher in der Schule gemacht.

Sie schob mir den Zettel zurück und ich schaute gespannt darauf. Sie hatte Ja angekreuzt. So kamen wir zusammen. Die alten Mittel sind immer noch die Besten.

Wir verließen das Silent-Dating und gingen in ein Cafe. Dort konnten wir endlich miteinander reden.

Nun musste ich aber vorsichtig sein. Es gibt bestimmte Regeln, die man beim ersten Kontakt beachten sollte.

Der durchschnittliche Mann ist passiv und traut sich nicht, fremde Frauen anzusprechen, höchstens im betrunkenen Zustand. Aber in dem Zustand fühlen sich Frauen nicht von Männern angezogen.

Trotzdem muss ich als Mann den ersten Schritt machen. Nur so habe ich Erfolg. Wenn ich die Frau nicht anspreche, sind meine Chancen gleich Null. Es ist wie beim Lottospielen. Wenn ich nicht spiele, kann ich nicht gewinnen.

Auch sollte man nicht mit den Worten beginnen: Entschuldigung...., Darf ich mal eben kurz stören..., Bitte... - immer die gleiche Soße.

Männer kommen immer mit den gleichen, langweiligen und vorhersehbaren Sprüchen daher. Zu den Klassikern zählen: Hast du mal Feuer - Bist du öfter hier - Wie ist dein Name - Du siehst toll aus - wollen wir zusammen was trinken? - ich möchte dich gerne kennenlernen - bist du Single?

Wichtig ist auch - immer lächeln. Das Aussehen spielt für den Erfolg keine Rolle. Wichtig ist aber, dass man gepflegt und modisch gekleidet ist. Je auffälliger und extrovertierter man ist, um so besser.

Letztendlich reicht aber ein gepflegtes Äußeres und ein passables Auftreten.

Im Vertrauen, das war mir alles zu kompliziert und ich fragte einfach: *Hallo, wie geht's?* Als ob mich das interessieren würde.

Simone war aber keine gewöhnliche Frau. Sie fragte mich: *du hast so einen eleganten Mantel und trägst dazu so schäbige Hosen, warum das?* Ich sagte: *hast du schon mal gesehen, dass jemand im Restaurant seine Hosen an den Haken hängt?* Simone musste lachen. Sie hielt das wohl für einen Scherz.

In den nächsten Tagen musste ich mit ihr mehrmals ausgehen und ich brauchte viel Geduld. Schließlich war es soweit. Sie nahm mich mit in ihre Wohnung. Ich sah mich erstmal um und war erleichtert, keine Katze. Ich wollte mich schon hinsetzen, da schaute ein kleines Köpfchen unter dem Sofa hervor. *Das ist Mecky, mein Kater,* meinte Simone, *du magst doch Katzen? Natürlich,* sagte ich. Diese Lüge kam mir glatt über die Lippen.

In den nun folgenden Tagen ging mir Mecky ganz schön auf die Nerven. Wenn ich Zeitung lesen wollte, setzte sich Mecky auf die Zeitung und gab sie nicht mehr her. Wenn ich dann doch mal die Zeitung erwischte, sprang er auf meinen Schoß und setzte sich zwischen mich und die Zeitung.

Wenn ihm langweilig war, lauerte er mir irgendwo auf und sprang mich an, mit ausgefahrenen Krallen. Ich bekam fast einen Herzkasper.

Als ich eine schöne Zimmerpflanze kaufte und ins Haus brachte, knabberte er erst mal an den Blätteren. Dann versuchte er den Pflanztopf als Katzenklo zu benutzen.

Die Zeit mit Simone entschädigte mich für die Terrorattacken von Mecky. Allerdings wurde auch Simone immer komplizierter. Sie warf mir vor, sie sende ständig Signale aus und ich würde sie nicht kapieren.

Ich sagte zu ihr: *Frauen senden Signale aus, die kein Mann kapiert. Bei den Männern ist es viel einfacher. Wenn ich eine Bierdose auf der Stirn zerquetsche heißt das: bring mir noch eine. Wenn ich nach dem Essen rülpse heißt das: ich bin satt. Wenn ich am Morgen sage: wach auf, ich habe geduscht, heißt das: ich will Sex.* Sie antwortete: *vielleicht verstehst du dieses Signal, geh zum Teufel.*

So endete eine wunderbare Freundschaft. Ich packte meinen Sachen und stieg ins Auto. Als ich losfuhr ruckelte es und ich dachte, jetzt habe ich auch noch einen Platten. Dann sah ich nach und musste lachen, es war Mecky, den ich überfahren hatte. Ich entsorgte ihn im Mülleimer.

Mecky wurde tagelang von Simone und ihren Nachbarn gesucht. Ich suchte fleißig mit. An jedem Baum hing ein Bild von Mecky.

Ich setzte eine Anzeige in die Tageszeitung:

Süßer kleiner Kater entlaufen. Hört auf den Namen Mecky. Zahle dem Finder 500 Euro Belohnung.

Darunter stand:

Sie brauchen aber gar nicht erst zu suchen, ich habe das kleine Scheusal, das mich immer mit ausgefahrenen Krallen ansprang, vergiftet und hinter dem Haus im Garten vergraben. Diese Anzeige soll nur meine Ex-Freundin beruhigen, die aber nicht die Wahrheit erfahren darf, weil sie sonst mit mir dasselbe macht, wie ich mit ihrem kleinen Teufel.

Katzen

- Katzen sind kleine Teufel. Sie werden nie dein Freund. Sie akzeptieren dich nur, weil du ihnen das Futter bringst.
- Katzen würgen undefinierbare Dinge hervor und spucken alles auf den Perserteppich.
- Katzen zerkratzen deine Möbel und Tapeten und zerfetzen die Vorhänge.
- Katzen begrüßen dich nicht, wenn du nach Hause kommst. Manchmal, lassen sie sich dazu herab, wenigstens eine Auge zu öffnen. Das ist aber das höchste der Gefühle.
- Katzen wedeln auch nicht mit dem Schwanz, obwohl sie es könnten.
- Du legst dir eine Katze zu, damit du nicht mehr einsam bist und dann liegt das Mistvieh den ganzen Tag auf dem Bauch und schläft.

Hunde

- Dein Hund begrüßt dich, springt an dir hoch und wedelt mit dem Schwanz. So zeigt er seine Freude.
- Wenn du nur eine Stunde fort warst, freut sich der Hund so, als hätte er dich ein Jahr nicht mehr gesehen.
- Was der Hund frisst, behält er auch bei sich.
- Gut, der Hund zerkaut manchmal einen Schuh, oder die Hausschlappen. Aber er hinterlässt niemals eine Sauerei.
- Und mit dem Hund musst du mehrmals am Tag rausgehen. Das hält dich fit.

Ende

Liebe Leute, ihr könnt beruhigt sein, das Buch ist jetzt zu Ende. Ich weiß, es war euer Fehler es zu kaufen, aber wer ist schon Fehlerlos? Eine Bitte habe ich noch, legt das Geld für die faulen Eier auf die hohe Kante, ihr werdet es noch brauchen - für mein nächstes Buch.

Karl Gengenbach